I0156302

PETIT TRAITÉ

DE VERSIFICATION

FRANÇAISE

PETIT TRAITÉ
DE VERSIFICATION
FRANÇAISE.

PREMIÈRE PARTIE.

CHAPITRE I.

Notions préliminaires. — De la quantité syllabique; manière de scander les vers; vers de différentes mesures.

On appelle *prose* un discours qui n'est point assujetti à une certaine mesure, à un certain nombre de pieds ou de syllabes. La prose est la manière ordinaire de s'exprimer : le langage de la conversation et celui de l'éloquence sont également de la prose.

Un *vers* est un assemblage de mots arrangés suivant certaines règles fixes et déterminées.

Une composition écrite en vers appartient à la *poésie*, est un ouvrage de *poésie*, une œuvre *poétique*.

La *versification* enseigne les procédés particuliers à chaque langue pour construire les vers.

son savoir une position élevée dans la commune. Et, en
particulier, si quelque notable le consulte sur des vers dont
il se sera avisé; si une fête particulière ou publique a in-
spiré un quatrain qu'on vienne lui soumettre, il faut que
l'instituteur soit capable de donner un conseil éclairé, et de
remettre sur leurs pieds les vers qui braveraient la rime
et la césure. Il doit surtout être en état de donner à ses
élèves les plus avancés des explications, que même leur
curiosité provoquera plus d'une fois. L'étude de notre mé-
trique me paraît donc devoir être introduite dans toutes
les écoles normales primaires.

Elle convient à plus forte raison aux institutions et pensions de jeunes demoiselles, où la société recrute ses
femmes d'élite. J'ai fait pendant plusieurs années un cours
dans une institution de demoiselles : c'est alors que furent
recueillies les premières notes qui ont servi à la rédaction
de ce livre. Je me rappelle avec plaisir combien les élèves
trouvaient de charme dans cette analyse des procédés de
notre versification et dans les exercices qui venaient à l'ap-
pui des préceptes.

Une chose a pu s'opposer jusqu'ici à une étude dont personne, je crois, ne contestera l'importance, c'est l'absence
d'un ouvrage où les règles de nos vers fussent exposées
d'une manière satisfaisante. J'ai longtemps médité ce sujet;
je me suis livré à de patientes recherches pour rédiger un
code poétique à peu près complet : ce travail terminé, j'ai
voulu en extraire ce que j'ai jugé d'une utilité plus générale. Sans doute il est glorieux d'ajouter quelque chose à la
science; mais il ne me paraît pas moins désirable, ni moins
flatteur, d'en populariser les notions les plus essentielles.

P. S. Depuis que j'écrivais les lignes précédentes, cet
ouvrage a été autorisé par le Conseil de l'instruction publique pour les classes d'humanités des colléges.

AVERTISSEMENT.

Les poëtes de la France forment une grande partie de sa gloire littéraire. Les ouvrages des plus illustres sont entre les mains de toutes les classes de la société; des spectateurs de toutes les conditions écoutent avec admiration les beaux vers récités sur la scène. Dès l'âge de cinq ans, soit dans la famille, soit dans les pensions, soit même dans les petites écoles, les enfants apprennent par cœur les fables de la Fontaine et celles de Florian. Corneille, Boileau, les deux Racine, J. B. Rousseau, Voltaire, sont étudiés dans les colléges et dans toutes les maisons d'éducation.

Cependant les règles de notre versification sont généralement ignorées. On voit dans la poésie la même chose que dans la prose, les pensées et l'expression; l'on néglige la partie technique. On sait que nos vers sont rimés, et l'on n'a aucune idée des règles de la rime. On croit, on sent même qu'ils ont une cadence, et l'on ne pourrait dire ce qui produit cette cadence. On se tromperait même sur le nombre de syllabes qu'il faut attribuer à une foule de mots. Or cette ignorance, honteuse dans celui qui a parcouru la carrière des études classiques, est encore regrettable dans celui qui n'a pu fréquenter les colléges. Comme la lecture des poëtes n'appartient pas exclusivement aux personnes qui ont reçu une instruction supérieure, il importe à des conditions plus modestes d'apprendre aussi comment se construisent nos vers, et nous ne voyons pas de développement à l'instruction primaire qui soit d'un intérêt plus général.

L'étude du mécanisme de notre versification convient à l'instituteur; car l'instituteur est appelé à conquérir par

1

PETIT TRAITÉ

DE VERSIFICATION

FRANÇAISE

PAR L. QUICHERAT

HUITIÈME ÉDITION

PARIS
LIBRAIRIE HACHETTE ET Cie
79, BOULEVARD SAINT-GERMAIN, 79
1882

AUTORISATION UNIVERSITAIRE

Extrait de la lettre adressée à M. L. QUICHERAT, *par* M. *le Ministre de l'Instruction publique.*

Paris, le 2 août 1839.

Monsieur,

Vous avez présenté au suffrage universitaire un *Petit Traité de Versification française.* Cet ouvrage a été examiné en séance du Conseil de l'Instrution publique, le 30 juillet dernier. D'après la délibération du Conseil, que j'ai approuvée, l'usage de cet ouvrage est autorisé pour les classes d'humanités dans les collèges.

Recevez, Monsieur, l'assurance de ma considération très distinguée.

Le Ministre de l'Instruction publique,

VILLEMAIN.

PARIS. — IMPRIMERIE ÉMILE MARTINET, RUE MIGNON, 2

Les vers français diffèrent de la prose en trois points :

1° Ils ont un nombre limité et régulier de syllabes ;

2° Ils se terminent par la *rime*, c'est-à-dire par une consonnance pareille qui se trouve à la fin de deux vers au moins ;

3° Ils n'admettent pas l'*hiatus*, c'est-à-dire la rencontre de deux voyelles dont l'une finit un mot et l'autre commence le suivant, comme *tu es, j'ai eu*. L'*e* muet est seul excepté.

Une *syllabe* est proprement la réunion d'une ou de plusieurs consonnes avec une ou plusieurs voyelles, comme *la, il, les, nous, jeu, prix*, etc. ; mais, par extension, le mot *syllabe* est pris pour synonyme de *voyelle :* ainsi l'on dit que le mot *haï* a deux syllabes.

Puisque les vers français ont un nombre fixe de syllabes, il faut apprendre, avant tout, à compter les syllabes des mots qui y figurent ou qu'on veut y faire entrer. *Scander* un vers, c'est le subdiviser successivement en toutes les syllabes dont il se compose.

Toute syllabe compte dans le vers, même l'*e* muet final, à moins qu'il ne soit suivi immédiatement d'une voyelle ou d'une *h* non aspirée. Exemples : *L'homme-vient; les hom-mes-heu-reux.* Mais l'on scandera : *L'homme-a-droit; l'homme-heu-reux.* Dans ce cas l'*e* muet final se perd, ou, suivant l'expression propre, il *s'élide.* On dit encore qu'il y a *élision* de l'*e* muet.

Il faut avoir bien soin de rétablir, en scandant, les syllabes muettes que la rapidité de la prononciation ne fait pas ressortir dans le langage familier : *feu-ille-ter, u-ne pe-ti-te ru-se.* Il faut aussi diviser deux voyelles qui se suivent, quand elles ne forment pas une diphthongue : Vous *avou-ez*, un *di-amant*.

Dans les imparfaits et les conditionnels, les trois dernières lettres *ent* ne comptent pas dans la mesure: *voulaient, voudraient*. Il en est de même au pluriel du subjonctif dans les auxiliaires, *qu'ils aient, qu'ils soient*, lesquels sont monosyllabes [1].

Les mêmes lettres font une syllabe au présent de l'indicatif et du subjonctif dans les verbes suivants: *pai-ent, voi-ent, emploi-ent, avou-ent, pri-ent*, etc.

L'*e* muet compte également à la fin des mots : *joi-e, impi-e, jou-e*, etc. ; et lorsqu'il est suivi d'une *s: joi-es, impi-es*, tu *jou-es*, etc.

Quand deux voyelles se trouveront placées de suite, on sera souvent embarrassé sur la mesure qu'on doit leur attribuer. Tantôt il y aura diphthongue ou *synérèse*, c'est-à-dire réunion de deux voyelles en une seule syllabe; tantôt il y aura *diérèse*, c'est-à-dire division des voyelles en deux syllabes. Nous allons passer en revue les principaux accouplements de voyelles dans notre langue, et nous en indiquerons la quantité syllabique.

I_A. — 1° Monosyllabe. Dans *fiacre, diacre, liard, diable*.

2° Plus souvent disyllabe. Dans les temps des verbes en *ier*, comme *pri-a, sacrifi-a*, et dans *mari-age, ti-are, di-amant, di-adème, di-alogue, fili-al, nupti-al*.

---

1. *Monosyllabe*, d'une seule syllabe; *disyllabe*, de deux syllabes; *trisyllabe*, de trois syllabes; *polysyllabe*, de plusieurs syllabes. En écrivant *disyllabe, trisyllabe*, et non *dissyllabe, trissyllabe*, comme on le fait ordinairement, nous avons égard à l'étymologie.

Iᴀɪ. — 1° Monosyllabe. Dans *bré-viaire*.

2° Ordinairement disyllabe. *J'étudi-ais* et *j'étudi-ai*, je *confi-ais*, *ni-ais* (adjectif), *auxili-aire*, *plagi-aire*.

3° Il est commun[1], mais plus souvent disyllabe, dans *biais*.

Iᴀɴ, ɪᴇɴ, ɪᴀɴᴛ, ɪᴇɴᴛ. — 1° Monosyllabe, dans *viande*.

2° Ordinairement disyllabe. *Fi-ancée*, *confi-ant*, *souri-ant*, *cli-ent*, *pati-ent*, *audi-ence*, *expéri-ence*, *fri-and*.

Iᴀᴜ. — Disyllabe. *Mi-auler*, *besti-aux*.

Iᴇ́, ɪᴇʀ, ɪᴇᴢ, ɪᴇ̀ʀᴇ. — 1° Monosyllabe. Dans les noms et les adjectifs, quand la désinence n'est pas précédée de deux consonnes dont la seconde soit une liquide, *l* ou *r*. Ex. : *Pal-mier*, *fu-mier*, *por-tier*, *priso-nnier*, *pre-mier*, *der-nier*, *al-tier*, *pi-tié*, *ami-tié*, *pied*, *fier* (adjectif), *lu-mière*, *pou-ssière*, *lierre*, *ciel*, *cierge*, *tiers*, *tiède*, *miette*, *assiette*, *acquiers*, *siège*.

Ajoutez la désinence *iez* dans les verbes, quand elle n'est pas précédée de deux consonnes dont la seconde soit une liquide : Vous *ai-miez*, vous *croi-riez*.

2° Disyllabe. Dans les noms et les adjectifs qui ont la désinence précédée de deux consonnes dont la seconde est une liquide : *baudri-er*, *étri-er*, *ouvri-er*, *meurtri-er*, *sangli-er*, *peupli-er*, *pri-ère*, *quatri-ème*.

A l'infinitif et à d'autres temps des verbes de la première conjugaison en *ier*, comme *pri-er*, *mendi-er*, *défi-er*, *remédi-er*, *étudi-ez*, *pri-ez*, *alli-é*, *initi-é*.

Ajoutez la désinence *iez* dans les verbes, quand elle est précédée de deux consonnes dont la seconde

---

1. C'est-à-dire monosyllabe ou disyllabe.

est *l* ou *r :* Vous *voudri-ez,* vous *entri-ez,* vous *met-tri-ez,* vous *sembli-ez.*

Enfin, l'adverbe *hi-er,* et les mots *pi-été, impi-été, inqui-et* et ses dérivés, *hardi-esse, matéri-el, essen-ti-el, artifici-el.*

IEN. — 1° Monosyllabe. Dans les mots *mien, tien, sien, rien, chien, viens,* je *tiens, chré-tien, main-tien, abs-tienne, appar-tienne.*

2° Disyllabe. Dans le mot *li-en* (dérivé du verbe *li-er*), et dans les adjectifs d'état, de profession ou de pays, comme *magici-en, histori-en, chirurgi-en, Phrygi-en, Indi-en, Assyri-en.* Ajoutez *aéri-en.*

3° Commun dans le mot *gardien* [1].

IENT. Voyez IANT.

IEU. — 1° Monosyllabe. Dans les mots *lieu, mi-lieu, dieu, adieu, pieu, es-sieu, cieux, vieux, mieux, mon-sieur.*

2° Disyllabe dans les adjectifs : *Pi-eux, odi-eux, ou-bli-eux, envi-eux, injuri-eux, intéri-eur, extéri-eur.*

IO. — 1° Monosyllabe. Dans les deux mots *fiole* et *pioche.*

2° Ordinairement disyllabe. *Vi-olence, vi-olet, vi-o-*

---

1. Le mot *ancien* n'a pas la mesure bien fixée, et les grands poëtes ont évité d'en faire usage. Primitivement ce mot était trisyllabe : le siècle de Louis XIV n'osa ni suivre cet exemple, ni le réformer.

Voltaire fait une remarque judicieuse sur ce vers de Corneille:

    J'ai su tout le détail d'un *anci-en* valet.

« *Ancien* de trois syllabes rend le vers languissant; *ancien* de deux syllabes devient dur. On est réduit à éviter ce mot, quand on veut faire des vers où rien ne rebute l'oreille. » Néanmoins l'on fait généralement aujourd'hui ce mot de deux syllabes.

lon, péri-ode, médi-ocre, idi-ot, curi-osité, di-ocèse, mari-onnette.

Iᴏɴ. — 1° Monosyllabe. La désinence *ions* dans les verbes, quand elle n'est pas précédée de deux con- sonnes dont la seconde soit une liquide ; comme : Nous *ai-mions*, nous *sor-tions*, nous *aime-rions*.

2° Disyllabe. La désinence *ions* dans les verbes, quand elle est précédée de deux consonnes dont la seconde est une liquide : Nous *entri-ons*, nous *vou- dri-ons*, nous *mettri-ons*, nous *sembli-ons*.

A la première personne du pluriel des verbes en *ier :* Nous *déli-ons*, nous *pri-ons*, nous *pari-ons*. Ajoutez : Nous *ri-ons*.

Dans les substantifs : *Acti-on, attenti-on, nati-on, missi-on, passi-on, religi-on, li-on, champi-on, es- pi-on, milli-on.*

Oᴇ́. — 1° Monosyllabe. Dans *poêle, moelle, moel- leux.*

2° Disyllabe. Dans *po-ésie, po-ëme, po-ëte, po- étique.*

Oɪɴ. — Monosyllabe. Comme dans *loin, soin, be- soin, moins, point.*

Oᴜᴀ, ᴏᴜᴇ́, ᴏᴜᴇʀ, ᴏᴜᴇᴛᴛᴇ. — 1° Monosyllabe. Dans *fouet, fouetter*[1].

2° Ordinairement disyllabe. Il *avou-a*, il *lou-ait, ou-ailles, secou-ant, lou-er, dou-é, nou-eux, jou-et, alou-ette, pirou-ette, chou-ette, Rou-en*[2].

Oᴜɪ. — 1° Monosyllabe dans l'adverbe affirmatif *oui.*

1. L'interjection *ouais* est aussi monosyllabe :
   Ouais! quel est donc ce trouble où je le vois paraître ? Moʟ.
2. Ajoutez le mot *souhait* et ses composés.

2° Ordinairement disyllabe. *Ou-ïr, ou-ï, s'éva-nou-ir, jou-ir, éblou-ir*, et le substantif *Lou-is*.

OUIN. — Monosyllabe : *Ba-bouin, bara-gouin*.

UA, UÉ, UER. — 1° Monosyllabe dans *é-cuelle*.

2° Ordinairement disyllabe. *Il tu-a, persu-ader, immu-able, chat-hu-ant, tu-er, remu-er, attribu-er, hu-é, nu-ée, su-eur, lu-eur, cru-el, du-el, ru-elle, mu-et*.

UI. — 1° Monosyllabe. Dans *aujour-d'hui, lui, ce-lui, ap-pui, fruit, sui-vre, bruit, ré-duire, fuir, puits*.

2° Disyllabe. Dans *flu-ide, ru-ine, ru-iner, bru-ine, su-icide*.

Y, I (tréma). — 1° *Y* et *i* ne comptent pas pour une syllabe dans *payable, effrayant, payé, foyer, frayeur, moyen, citoyen, royaume, païen, aïeux* ; ni les deux lettres *y* et *i* réunies au subjonctif, comme *voyions, voyiez*.

2° *Y* et *i* font une syllabe distincte dans *paysan* (pai-isan), *abbaye, ha-ï, sto-ïque*.

L'*e* muet, placé dans le corps de certains mots après une voyelle, allonge cette voyelle, mais ne compte pas lui-même pour une syllabe : Je *paie-rai*, je *loue-rai*, nous *avoue-rons*, je me *fie-rai*, je *remue-rai, dénue-ment*. Aujourd'hui cet *e* se remplace souvent par un accent circonflexe.

Dans les mots *Saône, août, Aaron*, les deux premières voyelles se contractent en une seule.

La quantité syllabique de quelques-unes des voyelles que nous avons passées en revue a varié ; mais elle est aujourd'hui fixée invariablement.

La connaissance exacte de la quantité syllabique des mots est nécessaire non-seulement pour construire un vers, mais encore pour bien lire une pièce de poésie et en faire sentir exactement la mesure.

Les vers français ne peuvent avoir plus de *douze* syllabes. Il y a aussi des vers de *dix*, de *huit*, de *sept* syllabes. Les vers qui ont moins de sept syllabes sont plus rares : nous les négligeons pour le moment.

L'*e* muet ou la syllabe muette placés à la fin d'un vers ne comptent pas dans la mesure.

VERS DE 12 SYLLABES.

Oui, je viens dans son temple adorer l'Éternel. RACINE.

VERS DE 10 SYLLABES.

Rions, chantons, dit cette foule impie. RAC.

VERS DE 8 SYLLABES.

Quel astre à nos yeux vient de luire? RAC.

VERS DE 7 SYLLABES.

Les pécheurs couvrent la terre. RAC.

On nomme *pied* la réunion de deux syllabes : ainsi le vers de douze syllabes a six pieds, celui de dix syllabes a cinq pieds[1].

Le vers de douze syllabes est le plus noble et celui qui nous fournira le plus souvent nos exemples. Il se nomme *alexandrin*[2], ou bien encore *héroïque*, ou simplement *grand vers*.

---

1. On dit qu'un vers *n'est pas sur ses pieds* quand il n'a pas le nombre exigé de syllabes.
2. Ce vers a pris son nom d'un ancien poëme dont Alexandre est le héros.

Quelques critiques, eu égard au nombre de *pieds* ou *mètres*[1], appellent *hexamètre* (de six pieds) le vers de douze syllabes, *pentamètre* (de cinq pieds) celui de dix syllabes, *tétramètre* (de quatre pieds) celui de huit syllabes.

CHAPITRE II.
De la Césure.

Le mot *césure* veut dire coupure. La césure d'un vers est l'endroit où il est coupé. Le mot *hémistiche*, dérivé du grec, signifie *demi-vers*. Dans l'alexandrin, il y a toujours une césure après la sixième syllabe : le vers se trouve ainsi partagé en deux hémistiches égaux :

Où suis-je? qu'ai-je fait? | que dois-je faire encore?
Quel transport me saisit? | quel chagrin me dévore? RAC.

Le mot hémistiche ne peut s'appliquer qu'au vers alexandrin.

Dans le vers de dix syllabes, il y a toujours une césure après la quatrième :

Rions, chantons, | dit cette foule impie. RAC.

Les autres vers n'ont pas de césure exigée.

Les règles que nous allons donner pour la césure[2]

---

1. On nomme aussi *mètre* la mesure totale d'un vers. On dit: écrire dans tel *mètre*, c'est-à-dire adopter telle mesure de vers.
2. Quoique le vers alexandrin puisse se couper en différents endroits, et par conséquent avoir différentes *césures*, nous entendrons par ce mot la césure par excellence, c'est-à-dire celle de l'hémistiche ; de même, dans le vers de dix syllabes, la césure sera toujours le repos placé après le quatrième pied.

du grand vers seront applicables au vers de dix syllabes.

Il n'est pas nécessaire que le repos de la césure soit marqué par un signe de ponctuation. Boileau a donné le précepte et l'exemple dans ces deux vers :

Que toujours dans vos vers le sens, coupant les mots,
Suspende l'hémistiche, en marque le repos.

D'un autre côté, le cas se présente souvent où la césure serait insuffisante, bien que le troisième pied fût terminé par un mot complet. C'est là un des points les plus difficiles de la versification française, et nous allons le traiter avec détail.

Pour l'éclaircir, il est nécessaire de parler de l'*accent tonique*. On appelle *accent tonique*, ou syllabe *d'appui*, la syllabe d'un mot polysyllabe sur laquelle la voix s'élève. L'accent tonique existe dans toutes les langues : en français, il se trouve toujours sur la dernière syllabe quand elle n'est pas muette, et sur l'avant-dernière, ou *pénultième*, quand la dernière syllabe est muette : sol*dat*, dra*peau*, *guer*re, *ar*mes[1].

Dans toutes les langues, certains mots, surtout des monosyllabes, en particulier, les pronoms et les prépositions, perdent leur accent dans la suite du discours, parce qu'ils se lient à la prononciation au

---

1. Il faut bien distinguer, en français, l'accent *tonique* de l'accent *écrit*. Ces deux accents se trouvent quelquefois sur la même syllabe, comme dans *bonté, accès*. Mais ordinairement l'accent tonique ne se marque par aucun signe. Quelquefois même il n'est pas sur la syllabe surmontée d'un accent. Ainsi, dans *pâture, nous avoûrons*, l'accent tonique est sur la syllabe qui suit l'accentuation notée.

mot suivant. Ainsi dans : Nous *sommes*, il *vient*, la *ville*, par *toi*, les monosyllabes *nous*, *il*, *la*, *par*, n'ont pas d'accent, et l'on prononce comme si les deux mots n'en faisaient qu'un.

Mais les mêmes mots pourront prendre un accent si on les transpose : Sommes-*nous ?* vient-*il ?* voyèz-*la*[1]. Pareillement on dit, en faisant la première muette : Tous les *hommes ;* et en accentuant cette muette : Nous y serons *tous*. On dit encore, sans accentuer la préposition : Après ce *jour ;* elle est accentuée à la fin de la phrase : Un jour *après*.

RÈGLE GÉNÉRALE DE LA CÉSURE. — La césure doit toujours tomber sur une syllabe accentuée.

1° L'*e* muet comptant pour une syllabe ne pourra jamais se trouver à la césure. Ainsi les vers suivants seraient vicieux :

L'ingrat, il me *laisse* cet embarras funeste...
Mais bientôt les *prêtres* nous ont enveloppés.

Ils deviennent réguliers si l'on met, en transposant :

Il me laisse, *l'ingrat*, cet embarras funeste. RAC.
Mais les prêtres *bientôt* nous ont enveloppés. ID.

La muette, placée à la césure, doit toujours être élidée, c'est-à-dire se perdre sur une voyelle placée immédiatement après, comme dans ce vers :

Oui, je viens dans son *temple* adorer l'Éternel. RAC.

---

1. On remarquera que le mot *vient* a perdu son accent, ainsi que la finale de *voyez*. Il semble que *vient-il* soit un disyllabe et *voyez-la* un trisyllabe.

Quand le pronom *je* doit être transposé, il reste muet et ne prend pas d'accent, mais il en donne un à la syllabe précédente : *aimé-je, dussé-je.*

Il faut bien prendre garde de supprimer dans la mesure la muette de l'hémistiche, quand elle est suivie d'une consonne. Ainsi le vers suivant est faux :

On peut encor vous *rendre* ce fils que vous pleurez.

Il a une syllabe de trop. La faute disparaîtra si l'on met :

On peut vous rendre *encor* ce fils que vous pleurez. RAC.

Les terminaisons muettes du pluriel dans les noms et dans les verbes, comme *livres, joies, viennent, emploient,* ne seront jamais admises à la césure, par la raison qu'elles ne peuvent s'élider. Il faut excepter les terminaisons en *aient,* comme *venaient, viendraient,* dans lesquelles les trois dernières lettres sont supprimées par la prononciation[1], et par conséquent ne sont pas comptées dans la mesure.

Les prêtres ne *pouvaient* suffire aux sacrifices. RAC.

2° On ne peut séparer par la césure des mots que la prononciation et la grammaire unissent, comme l'article ou le possessif d'avec le substantif, la préposition d'avec son complément, les auxiliaires d'avec les participes, plusieurs mots formant une expression composée comme *rendre raison, porter ombrage,* etc.

Ainsi le vers suivant serait défectueux :

Et redire avec *tant* de plaisir les exploits.

1. Le *t* final sonne à la vérité devant une voyelle, mais il n'y a pas addition d'une syllabe.

La raison en est que le mot *tant* n'est pas accentué.
Le vers deviendra correct de cette façon :

Avec tant de *plaisir* redire les exploits. Rac.

Pareillement il n'est pas permis de mettre :

Vous pourrez bientôt *lui* prodiguer vos bontés.

Mais on mettra bien :

Vous lui pourrez *bientôt* prodiguer vos bontés. Rac.

Pour faire sentir la règle de l'hémistiche, Voltaire
a fait à dessein ce mauvais vers :

Adieu ; je m'en vais *à* Paris pour mes affaires.

D'après ce qui précède, on trouvera la césure trop
faiblement marquée dans les vers suivants :

Ma foi, le plaisir *est* de finir le sermon. Boil.
Un tel mot, pour *avoir* réjoui le lecteur. Id.
Tout a fui ; tous se *sont* séparés sans retour. Rac.
Eh bien ! mes soins vous *ont* rendu votre conquête. Id.

3° La césure est insuffisante quand une partie du
second hémistiche est remplie par un *de* qui dépend
du premier, ou par un adjectif se rapportant au nom
qui précède. Elle l'est également quand le second
hémistiche contient le substantif dépendant de l'adjectif qui précède :

Ainsi que le vaisseau *des Grecs* tant renommé. Régnier.
Lorsque plus d'un désir *de liberté* me presse. Théoph.
La pitié, qui fera révoquer son supplice,
N'est pas moins la vertu *d'un roi* que la justice. Rotrou.

Les quatre parts aussi *des humains* se repentent. La Font.
Et je brûle qu'un nœud *d'amitié* nous unisse. Mol.
Jupiter et le peuple *immortel* rit aussi. La Font.
Ma foi, j'étais un franc *portier* de comédie. Rac.

4° La césure est bonne quand le sujet (autre qu'un pronom) est séparé du verbe, le verbe de son régime, l'adjectif ou le participe de son complément, pourvu que ce complément finisse le vers :

Je vois que *l'injustice* en secret vous irrite. Rac.
Avant qu'on eût *conclu* ce fatal hyménée...
Où me cacher? *fuyons* dans la nuit infernale...
Dieux! que ne suis-je *assise* à l'ombre des forêts! Id.

5° Les auxiliaires peuvent être dans un autre hémistiche que le participe ou l'attribut, pourvu qu'ils ne se trouvent pas précisément à la césure :

Et le jour *a* trois fois *chassé* la nuit obscure. Rac.
J'ai des savants devins *entendu* la réponse...
Oui, ce *sont,* cher ami, *des monstres* furieux. Id.
Et *fut* de ses sujets *le vainqueur* et le père. Volt.

6° Si le complément de la préposition *de,* si un adjectif et son complément, ou si plusieurs adjectifs remplissent le second hémistiche, la césure est légitime :

As-tu tranché le cours *d'une si belle vie?* Rac.
Commande au plus beau sang *de la Grèce et des dieux...*
Goûte-t-il des plaisirs *tranquilles et parfaits?* Id.
S'établit dans un bois *écarté, solitaire.* La Font.

7° Nous avons vu combien était choquante la préposition *à* placée à la césure. Il en est de même des prépositions *pour, dans, sur, par,* etc. Mais les prépositions *après, devant, malgré,* et quelques autres également disyllabes, sont tolérées à cette place :

Si toutefois, *après* ce coup mortel du sort. Corn.
Je me jette *au-devant* du coup qui t'assassine. Id.
Le feu sort *à travers* ses prunelles humides. Boil.
Souffrirez-vous qu'*après* l'avoir percé de coups,etc. Rac.
J'y suis encor, *malgré* tes infidelités. Id.

Il en est de même des adverbes *plutôt, sitôt, ainsi, loin,* etc., séparés de leur complément, et aussi de quelques conjonctions :

Ajoutez-y, *plutôt* que d'en diminuer. Corn.
Aimer la gloire *autant* que je l'aimai moi-même. Rac.
Embrase tout, *sitôt* qu'elle commence à luire...
Mourir en reine, *ainsi* que tu mourras en roi...
Ils s'arrêtent non *loin* de ces tombeaux antiques. Id.

8° Des mots ordinairement privés d'accent, comme *après, avec, ce, le,* deviennent quelquefois accentués : c'est lorsqu'ils sont employés sans complément. Ils peuvent alors se placer à la césure :

Et n'employons *après* que nous à notre mort. Corn.
Il avait dans la terre une somme enfouie,
   Son cœur *avec,* n'ayant autre déduit [1]
     Que d'y ruminer jour et nuit. La Font.
Maint d'entre vous souvent juge au hasard,
   Sans que pour *ce* tire à la courte paille. Id.
S'écrie : Épargnez-*le* : nous n'avons plus que lui. Flor.

Remarque générale. Dans les genres soutenus, l'on est bien plus exigeant pour la césure que dans les

---

1. Vieux mot qui signifie *plaisir, joie.*

genres simples. La comédie, le conte, l'épître familière, se contentent de césures que l'épopée, la tragédie, l'épître sérieuse, trouveraient insuffisantes.

Voici quelques exemples de césures assez faiblement marquées, mais que fait pardonner la nature
des ouvrages où elles se trouvent :

> Mais il n'importe : il *faut* suivre ma destinée. MOL.
> Dieu me damne! *voilà* son portrait véritable...
> Mon frère, vous *serez* charmé de le connaître. ID.
> Crois-tu qu'un juge *n'ait* qu'à faire bonne chère ? RAC.
> Quand ma partie *a-t-elle* été réprimandée?...
> Lorsque je vois, *parmi* tant d'hommes différents...
> Voyez cet autre, *avec* sa face de carême [1]. ID.
> Elle et moi, n'avons *eu* garde de l'oublier. LA FONT.
> Je me sens né pour *être* en butte aux méchants tours...
> La clef du coffre-fort *et des cœurs*, c'est la même. ID.

CHAPITRE III.

De la Rime.

On appelle *rime* l'uniformité de son dans la terminaison de deux mots : *belle, rebelle; loisir, plaisir.*
En poésie, c'est le retour de la même consonnance à
la fin de deux ou de plusieurs vers.

On distingue deux sortes de rimes, la rime *masculine* et la rime *féminine.*

La rime masculine a lieu entre deux syllabes qui
ne contiennent pas d'*e* muet: *bonté, santé; loisir,
plaisir; vertus, abattus.*

---

1. Tous ces exemples sont pris dans *les Plaideurs.*

La rime féminine a lieu entre deux syllabes qui contiennent un *e* muet: *belle, rebelle; infernale, fatale.* La rime porte alors sur la syllabe qui précède l'*e* muet, c'est-à-dire sur la pénultième, ou bien encore, ce qui est plus général, sur la syllabe *accentuée.* Ainsi l'on ne pourrait faire rimer *audace* avec *espèce, légitimes* avec *diadèmes, jouissent* avec *repaissent*[1], bien que la syllabe muette de ces mots correspondants soit identique, parce que la syllabe accentuée diffère.

Remarque. Nous avons déjà fait observer que les troisièmes personnes du pluriel des imparfaits et des conditionnels en *aient* ne sont pas réellement une terminaison féminine, parce que l'*e* qu'elles contiennent est absolument sourd. On les range donc dans la classe des rimes masculines :

De là sont nés ces bruits reçus dans l'univers,
Qu'aux accent dont Orphée emplit les monts de Thrace,
Les tigres amollis dépouillaient leur audace;
Qu'aux accords d'Amphion les pierres se *mouvaient,*
Et sur les murs thébains en ordre s'*élevaient.* Boil.

Il n'en est pas de même des présents *voient, croient, déploient, essaient, paient,* dans lesquels l'*e* compte pour une syllabe. Les pluriels *allient, oublient, fuient, appuient,* etc., forment pareillement une rime féminine :

Ce choix me désespère, et tous le *désavouent ;*
La partie est rompue, et les dieux la *renouent !*

---

1. Ici nous voyons six lettres pareilles, et cependant les deux mots ne riment pas. C'est en vain qu'on voudrait baser la règle de la rime sur la conformité d'un nombre quelconque de lettres.

Rome semble vaincue, et, seul des trois Albains,
Curiace en mon sang n'a pas trempé ses mains. CORN.

La rime est *riche* ou *suffisante*. Elle est riche quand elle présente non-seulement une consonnance, mais encore toute une articulation pareille : *père, prospère; vers, divers; paisible, risible; enfant, triomphant,* etc.

La rime suffisante offre une ressemblance de son, mais non d'articulation : *soupir, désir; recevoir, espoir; usage, partage; sensible, visible; doux, nous, vous,* etc.

Quelquefois la rime a lieu non-seulement entre la dernière syllabe, mais entre les deux syllabes finales, comme *vaillant, assaillant; insensée, pensée; auteur, hauteur; volontés, surmontés,* etc. Ce serait un défaut de rechercher avec affectation cette double rime.

RÈGLES DE LA RIME.

1° La rime est essentiellement faite pour l'oreille. Elle exige des sons semblables, plutôt que les mêmes lettres. Ainsi les rimes suivantes seront légitimes : *Charmant, tourment; — vanités, méritez; — courts, discours; — consumé, allumai; — voyagea, déjà; — il faut, échafaud; — permets, jamais; — prix, appris; esprits; — accomplisse, supplice; — terre, mystère, solitaire; — ils ont eu, abattu; — Pomone, automne; — condamne, âne; — jeun, un; — amène, peine; — ferai-je, abrége; — exige, dis-je* (ou *di-je,* par licence poétique), etc.

Cependant il ne serait pas exact de dire que toute rime qui satisfait l'oreille est permise. Nous verrons plus loin quelles restrictions il faut mettre à ce principe.

D'un autre côté, des rimes présentant les mêmes lettres seront fausses, si la prononciation diffère. Ainsi *briller* ne rimera pas avec *distiller*, ni *oser* avec *renverser*, ni *tranquille* avec *quille*. Par là sont proscrites beaucoup de rimes pour l'œil, qui étaient encore tolérées dans le siècle de Louis XIV, mais qui alors commençaient à céder à une sage réforme, comme *foyers* et *altiers* avec *fiers*, *enfer* avec *triompher*, *cloître* avec *paroître* (paraître), *françois* (français) avec *lois*, etc.

2° Un mot ne peut rimer avec lui-même. Ainsi, l'exemple suivant, de Racine, est condamnable :

Témoins trois procureurs, dont icelui Citron
A déchiré la robe. On en verra les *pièces*.
Pour nous justifier voulez-vous d'autres *pièces* [1]?

3° Mais quand deux mots, s'écrivant de même, ont un sens tout différent, ils peuvent rimer ensemble. Tels sont *pas*, *point*, négations, avec *pas*, *point*, substantifs; *présent*, participe, avec *présent*, substantif, etc.

Notre malheur est grand; il est au plus haut *point;*
Je l'envisage entier, mais je n'en frémis *point*. CORN.
A mes justes désirs ne vous rendez-vous *pas?*
Ne peut-elle à l'autel marcher que sur vos *pas?* RAC.
Tel que vous me voyez, monsieur, ici *présent*,
M'a d'un fort grand soufflet fait un petit *présent...*
Ah! la voici, seigneur; prenez votre *parti*. —

1. Dans *les Plaideurs*. Ici le mot *pièce* est identiquement le même, quoique pris dans deux acceptions différentes. Racine me paraît également répréhensible quand il dit :

Vous voyez devant vous mon adverse *partie*.
— Parbleu, je me veux mettre aussi de la *partie*.

Mais il ne faut pas oublier que ces petites négligences sont dans une comédie.

Oh ciel!—Eh quoi, seigneur! vous n'êtes point *parti?* RAC.
Combien pour quelques mois ont vu fleurir leur *livre*,
Dont les vers en paquèts se vendent à la *livre !* BOIL.
L'un n'est point trop fardé, mais sa muse est trop *nue;*
L'autre a peur de ramper, il se perd dans la *nue.* ID.

On dit à cet égard que la rime des *homonymes* est
reçue.

4° Un substantif ne peut rimer avec son verbe.
Ainsi, les rimes suivantes seraient vicieuses : une
arme, il *s'arme;* je *soutiens*, les *soutiens.* Roucher a
eu tort de mettre :

Par eux tout se ranime et par eux tout s'*enflamme :*
L'oiseau de Jupiter, aux prunelles de *flamme*, etc.

5° Un mot ne peut rimer avec son composé, ni deux
composés ensemble quand ils ont conservé une grande
analogie dans leur acception, comme *jeter, rejeter;*
prudent, imprudent; juste, injuste; bonheur, mal-
heur; nom, surnom; faire, défaire, refaire, etc.
Ainsi l'on condamnera les exemples suivants :

Que des prêtres menteurs, encor plus *inhumains*,
Se vantaient d'épuiser par le sang des *humains.* VOLT.
Détournez d'elle, ô Dieu, cette mort qui me *suit.*
Non, peuple, ce n'est point un dieu qui le *poursuit.* ID.

Conformément à cette règle, on évitera de faire rimer *ami* avec *ennemi*, bien qu'on en trouve quelques exemples dans de bons poëtes :

Ah! que dit-on de vous, Seigneur? nos *ennemis*
Vous comptent hautement au rang de leurs *amis.* RAC.

Il y a quelque négligence dans les rimes *jours* et
toujours, dieu et *adieu.*

6° Mais la rime est permise si le simple et le composé, ou deux composés, ont une signification éloignée, ou si deux mots présentent une ressemblance fortuite de lettres, sans que l'un soit dérivé de l'autre. Ainsi l'on pourra bien faire rimer ensemble : *garder, regarder; conserver, observer; courir, secourir; séparé, préparé; fait, effet, parfait; permettre, promettre, soumettre, commettre; fort, effort; front, affront; naissance, reconnaissance,* etc.

Mais il me faut te perdre, après l'avoir *perdu;*
Et pour mieux tourmenter mon esprit *éperdu,* etc. CORN.
Ne crains pas toutefois que j'éclate en *injures;*
Mais n'espère non plus m'éblouir de *parjures.* ID.
La satire ne sert qu'à rendre un fat *illustre;*
C'est une ombre au tableau, qui lui donne du *lustre.* BOIL.
Sur ses genoux tremblants il tombe à cet *aspect,*
Et donne à la frayeur ce qu'il doit au *respect.* ID.
Je vous abuserais si j'osais vous *promettre*
Qu'entre vos mains, seigneur, il voulût la *remettre.* RAC.
Sa colère, après tout, n'a rien qui me *surprenne;*
C'est à vous, c'est à moi qu'il faut que je m'en *prenne.* ID.

7° Les finales en *é, er, ée,* doivent rimer de la consonne qui les précède, c'est-à-dire de toute l'articulation. *Bonté* ne rime pas avec *donné,* mais rime avec *chanté, charité*[1].

Les finales en *ié, ier, iée,* demandent une rime en *ié* ou *yé, ier* ou *yer,* etc.

---

1. Racine a péché une fois contre cette règle : c'est dans sa première pièce, *les Frères ennemis :*
  Elle s'en est, seigneur, mortellement *frappée,*
  Et dans son sang, hélas! elle est soudain *tombée.*
La Fontaine a fait souvent cette faute.

La finale en *ller* (avec *ll* mouillées) doit rimer avec elle-même. La rime *contempler, briller*, est insuffisante, quoiqu'on la trouve dans *Iphigénie*.

1ʳᵉ *Remarque*. Quand la finale en *é, er* ou *ée*, est précédée de deux consonnes dont la seconde est une liquide, *l* ou *r*, comme *blé, bré, plé, pré*, on permet de ne faire entrer dans la rime que la seconde des deux consonnes. La même faculté est accordée pour la finale *gner*, qu'on peut faire rimer avec *ner*.

Ma perte m'a surprise et ne m'a point *troublée;*
Mon noble désespoir ne m'a point *aveuglée* [1]. CORN.
Le sang à ces objets facile à *s'ébranler,*
Achille menaçant, tout prêt à *t'accabler*. RAC.
Ce n'est plus un vain peuple en désordre *assemblé;*
C'est d'un zèle fatal tout le camp *aveuglé...*
Au bout de l'univers va, cours te *confiner,*
Et fais place à des cœurs plus dignes de *régner*. ID.

2ᵉ *Remarque*. L'*é* lui-même, quand il est détaché et forme à lui seul un son, peut rimer avec un *é* isolé de la même manière. La rime alors n'est que d'une lettre [2].

Que si, sous Adam même, et loin avant *Noé,*
Le vice audacieux, des hommes *avoué,*
A la triste innocence en tous lieux fit la guerre. BOIL.
Depuis que sur ces bords les dieux ont *envoyé*
La fille de Minos et de *Pasiphaé* [3]. RAC.

---

1. La versification sévère de Corneille use rarement de cette facilité.
2. On trouve dans la plupart des Traités de Versification qu'il n'y a pas de rime d'*une seule lettre*. C'est une erreur : outre les exemples donnés ici, on en verra encore d'autres ci-après.
3. Il faut remarquer que ces exemples roulent sur des noms

8° La finale en *a*, dans les verbes, doit rimer de toute l'articulation. *Trouva* rime avec *cultiva*, mais non avec *donna*. Du reste, ces rimes, assez peu heureuses, sont proscrites du style noble.

9° La finale en *i* doit rimer de l'articulation : *banni, fini; sorti, parti*, etc. Quand l'*i* n'est pas combiné avec une consonne, il peut rimer avec un *i* qui se détachera de la même manière : *trahi, obéi*. Dans *trahis* et *pays*, qui forment une rime légitime, il n'y a de commun pour l'œil qu'une lettre muette[1].

10° Les finales en *u* doivent rimer de l'articulation : *abattu, vertu; rendu, perdu*, etc. Cependant, si l'un des deux mots est monosyllabe, la rime peut n'exister qu'entre les voyelles, et, par conséquent, n'être que d'une lettre :

Dès que je prends la plume, Apollon *éperdu*
Semble me dire : Arrête, insensé, que fais-*tu?* BOIL.
Cher enfant, que le ciel m'avait en vain *rendu,*
Hélas! pour vous servir j'ai fait ce que j'ai *pu.* RAC.
Mais cet enfant fatal, Abner, vous l'avez *vu* :
Quel est-il? de quel sang? et de quelle *tribu?* ID.

La finale *ment* veut pour rime une finale semblable : *tourment, clément, longuement, charmant.*

Comme les mots terminés par *ant* ou *ent* sont très-nombreux dans notre langue, il est beaucoup mieux qu'ils riment de l'articulation : *brûlant, étincelant ; confident, imprudent ; mourant, parent ; éclatant,*

propres, pour lesquels, ainsi que nous le verrons encore plus loin, les poëtes ont plus de latitude.

1. La rime *bruit, s'évanouit* (de Rousseau) est une rime faible, quoiqu'elle offre à l'œil trois lettres semblables.

instant. La Harpe blâme les rimes *vent* et *brûlant,* *étincelants* et *vents, grands* et *temps,* dans le style soutenu.

En général, les rimes doivent être d'autant plus soignées que les syllabes qui y figurent sont plus abondantes. Le même la Harpe relève la rime *orageux* et *heureux.*

12° La finale *ion* ne rime qu'avec elle-même. *Passion* rime bien avec *action,* mais rime mal avec *raison.*

> Je donne par devoir à son *affection*
> Tout ce que l'autre avait par *inclination.* CORN.
> On chassa ces docteurs prêchant sans *mission ;*
> On vit renaître Hector, Andromaque, *Ilion.* BOIL.
> Ceux même dont ma gloire aigrit *l'ambition*
> Réveilleront leur brigue et leur *prétention.* RAC.

Du reste, les rimes en *ion* ont une certaine lenteur qui en rend l'usage assez rare chez les bons poëtes.

13° La finale en *ès* rime bien avec elle-même. Elle peut rimer aussi avec les pluriels *ais, aits, ëts :*

> Le Tasse, dira-t-on l'a fait avec *succès.*
> Je ne veux point ici lui faire son *procès.* BOIL.
> D'un courage naissant sont-ce là les *essais* [1] ?

1. De même que *succès* ne rime pas avec *tracés,* parce que le premier *e* est ouvert et le second fermé, de même *tu sais* ne doit pas rimer avec *essais,* parce qu'il y a la même différence entre la prononciation de ces deux mots.

> Allons. — Si tu le vois, agis comme tu *sais.* —
> Ce n'est pas sur ce coup que je fais mes *essais.* CORN.

La remarque de Voltaire mérite d'être transcrite : « *Tu sais* ne rime pas avec *essais;* c'est ce qu'on appelle des rimes provinciales. On prononce *tu sais* comme s'il y avait *tu sés,* et *essais* est long et ouvert. Si l'on voulait ne rimer qu'aux yeux,

Mais, pour en juger mieux, voyez-les de plus *près*. BOIL.
Quels triomphes suivront de si nobles *succès?*
Tous deux dans votre frère envisagez vos *traits*. RAC.

14° La rime riche peut avoir lieu entre deux syllabes
dont l'orthographe diffère, comme *austère, salutaire;*
travaux, dévots; répond, Hellespont; content, attend;
possesseur, sœur. La rime suffisante offre une consonnance pareille, mais non l'articulation tout entière.

Les finales en *ir* [1], *eux, eur*, riment plus généralement de toute l'articulation : *repentir, sortir; heureux,*
affreux, pâleur, douleur.

15° Les poëtes du siècle de Louis XIV présentent peu
de rimes masculines qui ne soient que suffisantes.

Cependant ils les admettent :

Lorsqu'une certaine désinence est peu abondante
dans notre langue : *égal, fatal; crédit, proscrit; dis-*
cours, toujours; attentats, ingrats; remords, trésors ;
tributs, vertus.

Lorsque l'un des deux mots est un nom propre : *Zé-*
non, raison; Martian, tyran; Héraclius, confus ;
Burrhus, vertus.

Quand l'un des deux mots est monosyllabe [2]. *Finis*

cuiller rimerait avec *mouiller*. Tous les mots qui se prononcent à peu près de même doivent rimer ensemble : il me paraît que c'est la règle générale concernant la rime. » La rime
de *sais* avec *essais* est d'un usage fort ancien : on la trouve
fréquemment dans Marot et dans les poëtes antérieurs. C'est ce
qui lui a donné une sorte d'autorité.

1. La Harpe blâme dans Voltaire la rime de *repentir* avec
souffrir. On trouve cependant plusieurs fois dans Corneille
soupir rimant avec *désir*.

2. Toutefois il y a une grande rigueur pour l'emploi des
mots *sang, rang, flanc*. Voy. ci-après, p. 29.

rimerait mal avec *ennemis;* mais *fils* rime avec l'un
et l'autre :

> Mes liens sont trop forts pour être ainsi *rompus;*
> Ma foi m'engage encor, si je n'espère *plus.* CORN.
> Et, sans lasser le ciel par des vœux *impuissants,*
> Mettons-nous à l'abri des injures du *temps.* BOIL.
> Qui tous deux pleins de joie, en jetant un grand *cri,*
> Avec un rouge-bord acceptant le *défi.* ID.
> Vous ne répondez point. Mon fils, mon propre *fils,*
> Est-il d'intelligence avec nos *ennemis?* RAC.
> Quelle importune main, en formant tous ces *nœuds,*
> A pris soin sur mon front d'assembler mes *cheveux?* ID.

Il faut bien se garder d'étendre à une rime formée
de deux mots polysyllabes la licence particulière au
cas précédent.

16° La rime féminine suffisante se rencontre fréquemment. Ainsi l'on mettra bien ensemble : *courage,
davantage ; marâtre, idolâtre ; célèbres, ténèbres ; ma-
nifeste, funeste ; violence, présence ; sincère, étrangère ; stérile, distille ; sensible, infaillible ; liquide, humide ; monarchique, publique ; magnanime, estime ;
étonne, couronne ; nature, injure,* etc.

Mais il faudra respecter les règles données précé-
demment. Comme on l'a vu, *frappée* ne peut absolument pas rimer avec *tombée.* Les grands poëtes ne se
contentent pas d'une rime suffisante pour les finales
en *ie* et en *ue,* du moins dans le style soutenu.

17° La ressemblance des consonnances ne suffit
pas toujours pour autoriser la rime.

Le singulier ne rime pas avec le pluriel dans les noms,
dans les adjectifs ou dans les verbes, ni la seconde

personne des verbes avec un autre mot qui ne prend pas d'*s* à la fin.

RIMES VICIEUSES. — *Arme, larmes ; dard, étendards.*

Tu charmes, alarme.

Ils charment, il arme ; ils charment, alarme ou *alarmes ; pardon, cédons.*

En général, un mot sans *s* finale ne rime pas avec un mot terminé par une *s*, un *z* ou une *x*.

RIMES VICIEUSES. — *Témoin, moins ; accord, corps, lieu, mieux ; vers, découvert.*

Mais l'on fera bien rimer *doux* avec *nous, ordonnés* avec *entraînez.*

Le *t*, le *d*, le *c*, ou autres lettres finales, empêchent la rime avec un mot qui n'aurait pas une de ces lettres, bien qu'elles ne se prononcent absolument point.

RIMES VICIEUSES. — *Or, sort ; toi, toit ; fer, souffert ; loin, point ; vœu, veut ; autan, étang* ou *étend ; an, enfant ; Apollon, long ; son, sont,* etc.

Il est également défendu de faire rimer *é* avec *er: changé* avec *berger.*

Les mots *rang, sang,* riment bien ensemble : ils riment encore avec *flanc, franc, banc ;* mais *parent* ne rime pas avec *rang,* ni *reconnaissant* avec *sang.*

18° Certains mots, qui offraient une rime défectueuse au singulier, riment bien au pluriel. Par exemple : *fers, soufferts ; tyrans, expirants ; rangs, parents.*

Je t'ai préféré même à ceux dont les *parents*
Ont jadis dans mon camp tenu les premiers *rangs.* CORN.
Bientôt l'amour, fertile en tendres *sentiments,*
S'empara du théâtre ainsi que des *romans.* BOIL.

Mais jusque dans la nuit de mes sacrés *déserts*,
Le bruit de mes malheurs fait retentir les *airs*. BOIL.
Viens voir tous ses attraits, Phœnix, *humiliés*.
Allons. — Allez, seigneur, vous jeter à ses *pieds* [1]. RAC.
Mais nous, qui d'un autre œil jugeons des *conquérants*
Nous savons que les dieux ne sont pas des *tyrans*....
Mais je veux à mon tour mériter les *tributs*
Que je me vois forcé de rendre à ses *vertus*. ID.

Mais cette liberté ne doit pas aller jusqu'à faire rimer un mot terminé en *ments* avec un mot qui n'aurait pas d'*m* à sa finale. Ainsi Voltaire fait preuve d'une grande négligence quand il écrit :

Maîtres du monde entier, de Rome heureux *enfants*,
Conservez à jamais ces nobles *sentiments*.

Il a beaucoup trop de semblables rimes.

La rime *vengés* et *bergers* serait tout à fait incorrecte.

19° On trouve de temps en temps dans les meilleurs poëtes une voyelle simple rimant avec une diphthongue : *suivre*, *vivre*; *suite*, *dite*; *diable*, *table*; *assiége*, *sacrilége*, etc. Ces rimes ne satisfont pas complétement l'oreille ; elles sont cependant autorisées.

20° Deux syllabes, dont l'une est longue et l'autre brève, forment une rime qui affecte désagréablement l'oreille. Telles sont *âme* et *femme*, *grâce* et *place*, en-

---

1. Dans le genre simple on admet la rime de *pied* ou *pié* avec un mot finissant en *ié* :

Sachez que pour céans j'en rabats de *moitié*,
Et qu'il fera beau temps quand j'y mettrai le *pied*. MOL.

Pareillement, dans *Nanine*, Voltaire fait rimer *amitié* avec *pied*, qu'il écrit *pié*.

traîne et *incertaine, accable* et *coupable, trône* et *couronne,* etc. Il faut reconnaître que les grands poëtes ne se font guère scrupule d'employer cette consonnance, que j'oserais dire imparfaite. Il sera mieux de ne pas les imiter en ce point.

Remarque. Les défauts signalés dans les deux paragraphes précédents sont quelquefois réunis : par exemple quand Racine fait rimer *haine* avec *mienne, Mycène* avec *sienne;* et Molière, *vienne* avec *peine.*

21° Il n'est plus permis de faire rimer la finale *er,* ayant le son de *é,* avec la même finale se prononçant comme *ère,* ni avec *air.* Ainsi les rimes suivantes sont interdites aujourd'hui : *triompher* avec *fer, mériter* avec *Jupiter, approcher* avec *cher, mêler* avec *l'air,* etc.

22° Par la même raison, l'oreille n'admet pas volontiers deux terminaisons masculines, dont l'une présente une consonne sourde et l'autre une consonne que la prononciation fait sentir : *Argos, repos; Calchas, pas; Brutus, vertus; Iris, ris ; ours, discours,* etc. Cependant ces rimes sont autorisées par l'usage des poëtes.

On admet aussi les rimes *fils* et *remis, tous* et *vous,* qui ne satisfont pas davantage l'oreille :

Trop d'un Héraclius en mes mains est *remis;*
Je tiens mon ennemi, mais je n'ai plus de *fils.* CORN.
Ce champ si glorieux, où vous aspirez *tous,*
Si mon sang ne l'arrose, est stérile pour *vous.* RAC.

Le mot *monsieur,* qui se prononce autrement qu'il ne s'écrit, ne peut être mis en rime avec un mot en *eur*

que dans le style familier. Ainsi Racine a écrit, mais
dans *les Plaideurs :*

> En deux heures au plus.—On n'entre point, *Monsieur.*
> — C'est bien fait de fermer la porte à ce *crieur.*

OBSERVATIONS GÉNÉRALES.

1° La langue française ne fournit pas de rime pour
tous les mots. Ainsi l'on ne trouverait pas de terminaison que l'on pût accoupler avec *triomphe, perdre,* etc.

2° Il n'est pas même permis de faire usage de toutes
les rimes qui existent. Elles ne doivent être ni recher-
chées ni triviales.

La Harpe relève dans la Motte les rimes suivantes,
qu'il accuse avec raison d'être bizarres : *évoque, époque; Io, Clio; strophe, apostrophe; enthousiasme,
pléonasme;* dans le Mierre, *flèche* et *brèche;* dans
Piron, *boursoufle, souffle, maroufle.*

3° Il faut éviter également les rimes banales. Certains mots trouvent très-peu de terminaisons homo-
phones qui leur correspondent, en sorte que la présence d'un de ces mots fait deviner celui qui viendra
ensuite. Ce pressentiment presque infaillible de la
seconde rime nuit beaucoup au charme des vers.

Parmi les rimes qu'on doit éviter, comme trop com-
munes, il faut compter les suivantes : *famille, fille;
prince, province; poudre, foudre; juste, auguste; illustre, lustre; marque, monarque; songe, mensonge;
sombre, ombre; hommes,* nous *sommes; dieu* ou *adieu,
lieu,* etc.

4° Certains temps des verbes présentent des rimes

désagréables. Nous avons déjà signalé le prétérit défini : *il leva, il cultiva*. On peut ajouter l'imparfait du subjonctif : *aimât, aimassent;* les troisièmes personnes du futur : *aimera, aimeront.* Il y a bien longtemps que Ménage, ayant trouvé dans Malherbe *fileront* rimant avec *étaleront*, a fait cette remarque judicieuse : « Ces troisièmes personnes du futur finissent désagréablement les vers, et particulièrement les grands, et celles du singulier les finissent encore plus désagréablement que celles du pluriel. Ceux qui se mêlent de faire des vers ne les finiront donc jamais, s'ils m'en croient, par ces troisièmes personnes, si ce n'est dans les discours familiers. »

On doit exclure aussi de la fin des vers les participes présents.

2° Un mot qui vient d'être placé à la rime n'y doit pas reparaître avant une quinzaine de vers. Ainsi le retour du même mot se trouve à une distance insuffisante dans ce passage de Voltaire :

> S'il ose encor l'aimer, j'ai promis son trépas :
> Je tiendrai ma parole, et tu n'en doutes *pas*.
> — Mêleriez-vous du sang aux pleurs qu'on va répandre,
> Aux flammes du bûcher, à cette auguste cendre ?
> Frappés d'un saint respect, sachez que vos soldats
> Reculeront d'horreur et ne vous suivront *pas*.

6° Les genres simples, tels que la comédie, l'épître badine, la fable, le conte, la chanson, ne demandent pas la même rigueur dans les rimes que les ouvrages d'un genre élevé. La tragédie, l'épître sérieuse, surtout l'épopée et l'ode, exigent des rimes très-soignées.

7° La rime est le fondement et la condition de notre

poésie. Voltaire, qui l'a défendue, sans rencontrer toujours les arguments les plus solides, Voltaire établit
l'impossibilité de faire en français des vers sans rimes, ou des vers *blancs*. « Nous avons, dit-il, un besoin essentiel du retour des mêmes sons, pour que
notre poésie ne soit pas confondue avec la prose. Tout
le monde connaît ces vers :

> Où me cacher? Fuyons dans la nuit infernale.
> Mais que dis-je? mon père y tient l'urne fatale :
> Le sort, dit-on, l'a mise en ses sévères mains;
> Minos juge aux enfers tous les pâles humains.

« Mettez à la place :

> Où me cacher? Fuyons dans la nuit infernale.
> Mais que dis-je? mon père y tient l'urne funeste :
> Le sort, dit-on, l'a mise en ses sévères mains;
> Minos juge aux enfers tous les pâles mortels.

« Quelque poétique que soit ce morceau, fera-t-il
le même plaisir, dépouillé de l'agrément de la rime?»

Ceux qui ont attaqué notre rime prouvaient qu'ils
n'avaient aucun sentiment de l'harmonie. En effet,
quelle cadence sera sensible dans la poésie française,
si l'on retranche la rime? Il est bien certain que ce
retour obligé de consonnances pareilles rend notre
versification très-difficile, si le poëte tient à ce que
la pensée ne souffre point de ces entraves; mais il est
faux que le plaisir produit par de beaux vers soit
celui de la *difficulté vaincue*; car beaucoup d'ouvrages de l'esprit qui ont coûté un bien long travail ne
produisent aucun plaisir, et l'on ne fait souvent que
déplorer le temps employé à un exercice futile[1].

1. Racine le fils fait une réponse aussi péremptoire que simple

La facilité à trouver la rime s'acquiert par l'habitude
Lorsqu'à la bien chercher d'abord on s'évertue,
L'esprit à la trouver aisément s'habitue;
Au joug de la raison sans peine elle fléchit,
Et, loin de la gêner, la sert et l'enrichit.
Mais, lorsqu'on la néglige, elle devient rebelle,
Et, pour la rattraper, le sens court après elle. Boil.

Nous compléterons ce que nous avons à dire sur le sujet qui nous a occupé dans ce chapitre, quand nous parlerons de la *succession des rimes* et de l'*harmonie poétique*.

CHAPITRE IV.
De l'Hiatus.

En poésie, l'*e* muet est la seule voyelle terminant un mot qui puisse être suivie d'une autre voyelle ou d'une *h* non aspirée. Hors ce cas, la rencontre de deux voyelles forme un *hiatus*, ou bâillement, qui est sévèrement défendu. Ainsi l'on ne peut dire dans un vers : *tu es, tu auras, si elle vient, elle y est.*

Boileau a consigné cette règle dans son *Art poétique*, et l'a rendue sensible par deux exemples qui imitent l'hiatus, sans toutefois être fautifs :

Gardez qu'une voyelle, à courir trop *hâtée*,
Ne soit d'une voyelle en son chemin *heurtée*.

à cet argument de la difficulté vaincue. Il rappelle que tous nos vieux genres de poésies, qui aux entraves de la rime en ajoutaient bien d'autres, et qui étaient de véritables tours de force, ont été abandonnés. On aurait pourtant dû y voir, suivant le système qu'il combat, le comble de la perfection. Tels sont le sonnet, le rondeau, la ballade, l'acrostiche, etc.

La conjonction *et*, suivie d'une voyelle, fait également hiatus. La raison en est que le *t* ne se prononce pas : il semble que ce mot soit écrit par la seule lettre *é* fermé. Ainsi l'on ne peut dire en vers : *et il* vient, sage *et heureux*.

Si l'*h* est aspirée, on peut la faire précéder de toutes les voyelles et de la conjonction *et*. Exemple : *la* haine, *et hors* de lui.

Il n'a pas voulu vivre et mériter *sa* haine. Corn.
Jeune et vaillant héros, dont *la* haute sagesse. Boil.
L'innocente *équité* honteusement bannie. Id.
Où courez-vous ainsi tout pâle *et hors* d'haleine ? Rac.
Ce seul dessein l'occupe ; *et* hâtant son voyage. Id.
Puisque *si* hors du temps son voyage l'arrête. Mol.

Remarques. La poésie admet l'hiatus :

1° Dans le corps des mots, comme *audaci-eux, ver-tu-eux, nati-on, dou-é, vi-olence, Dana-é, Simo-ïs.*

2° Entre deux vers, même quand le sens est continu :

Deux fois de mon hymen le nœud mal *assorti*
A chassé tous les dieux du plus juste parti. Corn.
Ni serment, ni devoir ne l'avait *engagé*
A courir dans l'abîme où Porus s'est plongé. Rac.

3° On peut placer une voyelle après ce qu'on appelle maintenant, avec raison, une *voyelle nasale*, c'est-à-dire *an, in, on, un, oin*, quoique souvent cette rencontre ait quelque chose de dur à l'oreille [1] :

Apollon en connaît qui te peuvent louer. Boil.
Et transposant cent fois et le *nom* et le verbe...

1. Ces nasales sont douces quand la prononciation les unit à la voyelle qui commence le mot suivant : *un homme,* com-

La *faim* aux animaux ne faisait point la guerre. BOIL.
Le *dessein* en est pris, je le veux achever. RAC.
Mais Rome veut un maître, et *non* une maîtresse. ID.

4° Quand un mot se termine par un *e* muet, précédé lui-même d'une voyelle, et qu'on élide cet *e* muet, il reste effectivement un hiatus, qui est toutefois admis dans la versification :

Rome entière *noyée* au sang de ses enfants. CORN.
La plaintive *Élégie*, en longs habits de deuil. BOIL.
Hector tomba sous lui, *Troie* expira sous vous. RAC.
Il s'en fit, je *l'avoue*, une douce habitude. ID.

Dans les deux cas précédents, quand les consonnances finales et initiales sont les mêmes, elles nous frappent plus désagréablement, et une oreille délicate craindra de les admettre :

Consultez-*en* encore [1] Achillas et Septime. CORN.
Immolant trente mets à leur *faim* indomptable. BOIL.
Pourquoi d'un *an* entier l'avons-nous différée ? RAC.
Cependant à *Pompée* élevez des autels. CORN.
Roulât sur la *pensée* et non pas sur les mots. BOIL.
Ou quelque longue *pluie* inondant les vallons. ID.
Ma place est *occupée*, et je ne suis plus rien. RAC.
Trame une *perfidie* inouïe à la cour. ID.

mun accord, on aime, en Allemagne; elles deviennent dures quand cette fusion des deux mots n'a pas lieu : J'en avais *un* encore, prenez-vous-*en* à vous, veut-*on* aussi?
Une consonne muette qui termine le mot n'empêche pas le heurtement de la voyelle nasale :

Dispersa tout son *camp* à l'aspect de Jéhu. RAC.

C'est ainsi qu'en juge Voltaire.

1. Voltaire fait sur ce vers la remarque suivante : « *En encore;* on doit éviter ce bâillement, ces hiatus de syllabes, désagréables à l'oreille. » Il voyait donc ici un véritable *hiatus*.

5° Les mots terminés en *r* peuvent être suivis d'une voyelle, même quand cette *r* ne se prononce pas :

Et fait le monde *entier* écrasé sous sa chute. CORN.
Je reprends sur-le-champ le *papier* et la plume. BOIL.
Le *quartier* alarmé n'a plus d'yeux qui sommeillent. ID.
Rendre docile au frein un *coursier* indompté. RAC.
L'*étranger* est en fuite, et le Juif est soumis. ID.

Nous conseillerons cependant d'user très-sobrement de cette liberté. La rencontre de pareils mots met dans l'alternative ou d'altérer la prononciation[1], ou de faire un hiatus réel et choquant.

La même remarque s'applique à toutes les consonnes muettes qui ne dissimuleraient que pour l'œil la présence de l'hiatus :

Le manteau sur le *nez*, ou la main dans la poche. RAC.
Enfermée à la *clef*, ou menée avec lui. MOL.
Le *coup* encore frais de ma chute passée. MALH.
J'ai fait parler le *loup* et répondre l'agneau. LA FONT.
L'an suivant, elle mit son *nid* en lieu plus haut. ID.

6° L'adverbe *oui*, répété deux fois de suite, est admis dans le dialogue :

Oui, oui, cette vertu sera récompensée. RAC.
Oui, oui, vous nous contez une plaisante histoire. MOL.

7° Les interjections *ah*, *eh*, *oh*, peuvent être suivies

1. Il faut faire ici la même observation que sur les nasales : quelquefois les deux mots s'unissent par la prononciation : Le *premier* homme, un *entier* abandon, un *léger* effroi ; mais cette fusion n'a pas lieu dans ces phrases : Le *premier* il a vu, vendre en *entier* un domaine, ni dans les exemples cités.

d'une voyelle : l'*h* finale est considérée comme aspirée[1].

Mon père !—Eh bien? eh bien? quoi? qu'est-ce? *Ah!* ah ?
[quel homme! RACINE.

J'irais trouver mon juge. — *Oh!* oui, monsieur, j'irai. ID.

Ah! il faut modérer un peu ses passions. MOL.

Tant pis.—*Eh* oui, tant pis : c'est là ce qui m'afflige. ID.

Nous reviendrons sur l'hiatus quand nous parlerons de l'*élision*, et, plus tard, de l'*harmonie*.

CHAPITRE V.

De l'Élision, de la Synérèse.

1° Nous avons dit que l'*e* muet, terminant un mot et suivi d'une voyelle, ne compte pour rien dans la mesure du vers : il y a *élision*.

Ismène est auprès d'*elle*, Ismène, *toute* en pleurs,
La *rappelle* à la *vie*, ou plutôt aux douleurs. RAC.

On scande comme s'il y avait :

Ismèn' est auprès d'*ell'*, Ismène *tout'* en pleurs, etc.

La poésie ne fait en cela que se conformer à la prononciation de la prose.

---

1. A la fin des mots, l'*h* n'est aspirée que dans les trois interjections *ah! eh! oh!* suivant la grammaire de M. l'abbé Régnier. (D'OLIVET.)

Du reste, elles sont souvent confondues avec *ha, hé, ho,* qui ont l'*h* aspirée :

Ho, *ho*, monsieur. — Tais-toi, sur les yeux de ta tête. RAC.
Ho, *ho*, le grand talent que votre esprit possède! MOL.
Ho! *ho!* dit-il, voilà bonne cuisine. LA FONT.

L'élision de l'*e* muet final a lieu quand le mot suivant commence par une *h* non aspirée :

Laisse-moi *prendre* haleine, afin de te louer. Corn.
L'argent en *honnête* homme érige un scélérat. Boil.
Plus méchant qu'Athalie, à *toute* heure l'assiége. Rac.

Mais elle n'a point lieu quand l'*h* qui suit est aspirée :

Me montrer à la cour, *je* hasardais ma tête. Corn.
Et le teint plus jauni que de vingt ans *de* hâle. Boil.
Malheureux, j'ai servi *de* héraut à ta gloire. Rac.
Je *jure* hautement de ne la voir jamais. Mol.

2° L'élision de l'*e* muet est exigée dans le corps du vers, quand cet *e* est précédé d'une voyelle accentuée, comme *vie, joie, risée, vue,* etc.

Rome entière *noyée* au sang de ses enfants. Corn.
Hector tomba sous lui, *Troie* expira sous vous. Rac.

Par conséquent, les *joies,* les *destinées,* ils *voient,* ils *prient,* renfermant un *e* muet que les consonnes finales ne permettent pas d'élider, ne peuvent être placés qu'à la fin du vers.

3° L'*e* muet qui caractérise les rimes féminines ne compte pas dans la mesure, quoique le vers suivant commence par une consonne, et qu'il y ait continuité dans le sens :

Ciel ! à qui voulez-vous désormais que je *ne*
Les secrets de mon âme et le soin de ma vie? Corn.
Que dans le Capitole elle voit *attachées*
Les dépouilles des Juifs par vos mains arrachées. Rac.

Le féminin *grande* peut perdre, par *apocope,* son *e* final devant quelques noms consacrés : *grand'mère, grand'salle,* la *grand'chambre,* à *grand'peine,* etc.

Dans un genre de poésie où l'on veut reproduire le langage populaire, on retranche l'*e* muet non-seulement devant une consonne, mais encore dans le corps des mots : *Nous n'somm's pas, d'la tête, p'tit.*

4° L'*e* muet acquiert quelquefois plus de valeur dans la prononciation, et devient la syllabe d'appui. Ainsi, dans *voyez-le*, l'accent tonique porte sur la dernière. Dans ce cas, l'*e* muet se soumettra difficilement à l'élision. Si vous scandez : *voyez-le en passant* en cinq syllabes, *voyez-l' en passant*, vous altérez la véritable prononciation, en déplaçant l'accent. On doit prononcer *voyez-le* à peu près comme *voyez-leu*, et vous prononcez *voyez-l'* à peu près comme *voyelle*[1].

Cette élision était admise dans nos vieux poëtes, et elle se retrouve encore du temps de Louis XIV, mais seulement dans le genre familier :

Ou bien *faites-le* entrer. — Qu'est-ce donc qu'il vous
[plaît ? Molière.
Condamnez-le à l'amende, ou, s'il le casse, au fouet[2], Rac.
Du titre de clément *rendez-le* ambitieux. La Font.

Dans le genre soutenu, l'on évite entièrement la rencontre de cet *e* muet avec une voyelle ; car, si l'élision est choquante, d'un autre côté, le conflit d'une voyelle accentuée avec une autre voyelle produirait un hiatus.

La Harpe a souligné la mauvaise élision de *le*,

1. D'ailleurs, l'orthographe même nous montre que l'élision n'est point ici praticable ; car elle ne permet pas d'écrire : *voyez-l'en passant*, comme elle ordonne d'écrire *l'homme*.
2. Dans *les Plaideurs*.

qu'il trouvait dans le poëme des *Mois*, par Roucher[1] :

Voyez-le en des traîneaux emportés par deux rennes.

5° Certains mots contiennent un *e* muet qui ne se
prononce pas, et qui ne fait qu'allonger la syllabe
précédente : Vous *avouerez*, il *louera*, je *prierais*, etc.
L'*e* muet intérieur ne compte pas dans la mesure :
on réunit les deux voyelles en une, par la figure
qu'on nomme *synérèse :*

Je ne t'*envierai* pas ce beau titre d'honneur. CORN.
C'est là, tout haut du moins, ce qu'il n'*avouera* pas. BOIL.
Notre style languit dans un *remerciement*. ID.
Avant la fin du jour vous me *justifierez*. RAC.
J'*essaierai* tour à tour la force et la douceur. ID.
Je ne *remuerai* point. —'Votre partie est forte. MOL.
L'un *effraiera* les gens, nous servant de trompette.

[LA FONTAINE

L'orthographe moderne remplace ces *e* muets par
un accent circonflexe : j'*avoûrai*, je *prîrais*.

Dans la règle précédente rentrent les mots *paieront*,
paierait, *paiement*, qui ne sont que de deux syllabes :

Un prix bien inégal nous en *paiera* la peine. TH. CORN.
Que tout autre que lui ne *paierait* de sa vie. RAC.
Tiens, voilà ton *paiement*. — Un soufflet ! écrivons. ID.

6° Nous avons déjà dit que l'*e* muet des terminaisons en *aient* ne compte pour rien dans la mesure.

(1) L'abbé d'Olivet, blâmant la même élision, produit l'autorité de Racine, qui, dans *la Thébaïde*, avait dit :
Accordez-le à mes vœux, *accordez-le* à mes crimes.
et qui substitua dans une seconde édition :
Ne le refusez pas à mes vœux, à mes crimes.

Il en est de même de la troisième personne *aient* du verbe *avoir* :

> Il était sur son char ; ses gardes affligés
> *Imitaient* son silence, autour de lui rangés. RAC.
> Sans que mille accidents ni votre indifférence
> *Aient* pu me détacher de ma persévérance. MOL.

La même finale est également muette dans le subjonctif *soient* :

> Les présents du tyran *soient* le prix de sa mort. CORN.
> Tous les piliers ne *soient* enveloppés d'affiches. BOIL.
> Je consens que mes yeux *soient* toujours abusés. RAC.
> Que de doutes fréquents ses vœux *soient* traversés. MOL.

CHAPITRE VI.
De l'Enjambement.

Lorsque le sens commence dans un vers et finit dans une partie du vers suivant, on dit que le premier vers *enjambe*, ou qu'il y a *enjambement*.

L'enjambement est interdit au vers alexandrin, surtout dans les genres soutenus. Boileau fait un mérite à Malherbe d'avoir établi cette règle :

> Et le vers sur le vers n'osa plus enjamber.

Jusqu'alors elle avait été généralement ignorée :

> Et le banc périlleux, qui se trouve parmi
> *Les eaux*, ne t'enveloppe en son sable endormi. RONSARD.
> Hélas ! prends donc mon cœur avecque cette paire
> *De ramiers que je t'offre* ; ils sont venus de l'aire. ID.

Dans une de ses premières tragédies [1], Racine a laissé échapper un enjambement :

> Le feu de ses regards, sa haute majesté

1. *Alexandre.*

Font connaître Alexandre. Et certes son visage
Porte de sa grandeur l'ineffaçable image.

1re *Remarque*. L'*enjambement* est permis quand on
a soin d'ajouter aux mots rejetés un développement
qui complète le vers :

Oui, j'accorde qu'Auguste a droit de conserver
L'empire, où sa vertu l'a fait seule arriver. Corn.
Elle se croit déjà souveraine maîtresse
D'un sceptre partagé, que sa bonté lui laisse. Id.
Qui voit sous ses drapeaux marcher un camp nombreux
De hardis étrangers, d'infidèles Hébreux. Rac.
Enfin je me dérobe à la joie importune
De tant d'amis nouveaux que m'a faits ma fortune...
Il voit plus que jamais ses campagnes couvertes
De Romains que la guerre enrichit de nos pertes. Id.

2me *Remarque*. Il est encore permis lorsqu'il y a
une suspension, réticence ou interruption :

N'y manquez pas du moins ; j'ai quatorze bouteilles
D'un vieux vin... Boucingot n'en a pas de pareilles. Boil.
Est-ce un frère ? est-ce vous dont la témérité
S'imagine?... — Apaisez ce courroux emporté. Corn.

3me *Remarque*. L'enjambement n'est pas proscrit
d'une manière aussi rigoureuse des genres simples,
tels que la comédie, la fable, le conte, l'épître badine, etc.

4me *Remarque*. On tire quelquefois de l'enjambement d'heureux effets d'harmonie imitative. C'est ce
que nous verrons dans un des chapitres suivants.

5me *Remarque*. Il est souvent admis dans les vers de
dix syllabes. Nous reviendrons également sur ce point.

Observation générale. La règle de l'enjambement

est une règle fondamentale, qui, avec la rime, tient à l'essence même de notre système de versification ; et ces deux règles sont intimement liées. Comme l'a bien senti la Harpe, nos vers ne peuvent enjamber parce qu'ils riment; et la rime étant une des premières conditions de notre poésie, tout ce qui tend à la faire disparaître est un véritable contre-sens.

CHAPITRE VII.
De la succession des Rimes.

Règle générale. Une rime masculine ne doit pas être suivie immédiatement d'une rime masculine différente, ni une rime féminine d'une rime féminine différente.

On peut commencer une pièce de vers par une rime masculine ou par une rime féminine. La première rime une fois établie, voici les diverses combinaisons qui sont admises :

1° Les rimes *plates* ou *suivies* sont celles qui se succèdent par couples de deux, alternativement masculines et féminines :

Du zèle de ma loi que sert de vous *parer ?*
Par de stériles vœux pensez-vous m'honorer ?
Quel fruit me revient-il de tous vos *sacrifices ?*
Ai-je besoin du sang des boucs et des génisses ?
Le sang de vos rois crie et n'est point *écouté.*
Rompez, rompez tout pacte avec l'impiété;
Du milieu de mon peuple exterminez les *crimes :*
Et vous viendrez alors m'immoler vos victimes. RAC.

2° Les rimes *croisées* présentent alternativement un

vers masculin et un vers féminin. On donne encore
ce nom à deux rimes masculines séparées par deux
rimes féminines *suivies*, ou réciproquement :

> Tel , en un secret vallon,
>   Sur les bords d'une onde pure,
> Croît, à l'abri de l'aquilon,
> Un jeune lis, l'amour de la nature. Rac.
> Ainsi l'on vit l'aimable Samuel
>   Croître à l'ombre du tabernacle :
> Il devint des Hébreux l'espérance et l'oracle.
> Puisses-tu, comme lui, consoler Israël ! Id.
>   Rions, chantons, dit cette troupe impie ;
> De fleurs en fleurs, de plaisirs en plaisirs
>   Promenons nos désirs :
> Sur l'avenir insensé qui se fie. Id.

3° Les rimes *mêlées* sont celles dont la succession
n'est soumise qu'à la règle générale donnée ci-dessus.
Les chœurs d'*Esther* et d'*Athalie* sont en rimes *mêlées*.

>   Quel astre à nos yeux vient de luire ?
> Quel sera, quelque jour, cet enfant merveilleux ?
>   Il brave le faste orgueilleux,
>   Et ne se laisse pas séduire
>   A tous ses attraits périlleux. Rac.

On voit par cet exemple, composé de cinq vers,
que, dans ce système, les rimes masculines et féminines peuvent ne pas être en nombre égal.

4° Les rimes *redoublées* offrent le retour ou la con-
tinuation de la même rime :

> Que leur restera-t-il? Ce qui reste d'un songe
>   Dont on a reconnu l'erreur.
>   A leur réveil (ô réveil plein d'horreur!),

        Pendant que le pauvre à ta table
    Goûtera de ta paix l'ineffable douceur,
    Ils boiront dans la coupe affreuse, inépuisable,
    Que tu présenteras au jour de ta fureur,
        A toute la race coupable. RAC.

On trouve des pièces peu étendues dans lesquelles
le poëte n'a employé que deux rimes :

    Un sot par une puce eut l'épaule mordue.
    Dans les plis de ses draps elle alla se loger.
    « Hercule, ce dit-il, tu devrais bien purger
    La terre de cette hydre au printemps revenue !
    Que fais-tu, Jupiter, que du haut de la nue
    Tu n'en perdes la race, afin de me venger? »
    Pour tuer une puce, il voulait obliger
    Les dieux à lui prêter leur foudre et leur massue. LA FONT.

D'autres fois, c'est une difficulté que le poëte s'im-
pose à dessein, pour remplir un cadre obligé.

Il arrive assez souvent que l'une des deux rimes
seulement est redoublée. On lit dans la Fontaine
une dédicace de vingt-deux vers, dont toutes les
rimes masculines sont en *is*. En voici deux stances
ou couplets :

    Pour plaire au jeune prince[1] à qui la Renommée
        Destine un temple en mes *écrits*,
    Comment composerai-je une fable nommée
        Le Chat et la *Souris?*

    Dois-je représenter dans ces vers une belle
    Qui, bonne en apparence, et toutefois cruelle,
    Va se jouant des cœurs que ses charmes ont *pris*,
        Comme le chat de la *souris?*

    1. Le duc de Bourgogne.

5° On trouve même des pièces *monorimes*, c'est-à-dire dans lesquelles il n'a été fait usage que d'une seule rime. Cette manière d'accumuler ainsi la même consonnance finale remonte à une époque très-reculée.

Le Franc de Pompignan a inséré dans son *Voyage de Languedoc et de Provence* une pièce sur le château d'If, dont tous les vers sont terminés en *if*. Elle commence ainsi :

> Nous fûmes donc au château d'If.
> C'est un lieu peu récréatif,
> Défendu par le fer oisif
> De plus d'un soldat maladif,
> Qui, de guerrier jadis actif, .
> Est devenu garde passif.

Voici une petite pièce de Collin d'Harleville, qu'on trouvera pleine de facilité, de correction et de grâce :

LA BONNE JOURNÉE.

> Un pauvre clerc du parlement,
> Arraché du lit brusquement
> Comme il dormait profondément,
> Gagne l'étude tristement ;
> Y griffonne un appointement,
> Qu'il ose interrompre un moment,
> Pour déjeuner sommairement;
> En revanche, écrit longuement,
> Dîne à trois heures sobrement,
> Sort au dessert discrètement,
> Reprend la plume promptement
> Jusqu'à dix heures... seulement:
> Lors va souper légèrement,
> Grimpe, et se couche froidement

Dans un lit fait négligemment,
Dort, et n'est heureux qu'en dormant.
Ah ! pauvre clerc du parlement !

1re *Remarque.* On trouve quelquefois trois rimes
pareilles placées de suite. Le genre lyrique et le genre
léger autorisent également cet emploi.

Cieux, écoutez ma voix ; terre, prête l'oreille :
Ne dis plus, ô Jacob, que ton Seigneur sommeille ;
Pécheurs, disparaissez : le Seigneur se réveille. RACINE.
    Et le mâtin était de taille
    A se défendre hardiment.
    Le loup donc l'aborde humblement
Entre en propos, lui fait son compliment
    Sur son embonpoint qu'il admire. LA FONT.

2e *Remarque.* On voit très-rarement plusieurs rimes
masculines ou féminines différentes qui se succèdent.
Cela se rencontre dans quelques pièces de peu d'étendue, des épigrammes, des impromptus, des chansons :

Qu'on parle mal ou bien du fameux cardinal,
Ma prose ni mes vers n'en diront jamais rien :
Il m'a fait trop de bien pour en dire du mal ;
Il m'a fait trop de mal pour en dire du bien. CORN.

CHAPITRE VIII.
Des Licences poétiques.

« La *licence poétique*, dit Marmontel, est une incor-
rection, une irrégularité permise en faveur du nombre,
de l'harmonie, de la rime ou de l'élégance des vers. »
Nous allons passer en revue les licences poétiques.

4

Nous en distinguerons de trois espèces : celles qui
ont rapport 1° à l'orthographe, 2° à l'arrangement
des mots, 3° à la grammaire.

Des Licences d'Orthographe.

Les poëtes ont la liberté de supprimer l's finale
dans un certain nombre de mots.

1° Quand la première personne d'un verbe[1] finit
par cette lettre s :

Elvire, où sommes-nous ? et qu'est-ce que je *voi* ?
Rodrigue en ma maison ? Rodrigue devant moi ? Corn.
En le blâmant enfin j'ai dit ce que j'en *croi*,
Et tel qui me reprend en pense comme moi. Boil.
Je vous donne un conseil qu'à peine je *reçoi ;*
Du coup qui vous attend vous mourrez moins que moi.
                                        [Racine.

Vizir, songez à vous, je vous en *averti ;*
Et, sans compter sur moi, prenez votre parti. Id.

Remarque. Mais il n'est pas permis de retrancher
l's à la seconde personne de l'impératif, ainsi qu'on
le faisait encore dans le dix-septième siècle[2] :

Fais donner le signal, cours, ordonne, et *revien*
Me délivrer bientôt d'un fâcheux entretien. Rac.
    Quitte ces bois, et *redevien*
    Au lieu de loup, homme de bien. La Font.

---

1. Cependant on ne trouve pas : je *sui*, je *fui*.
2. Cela avait lieu même pour la prose. On lit dans tous les
imprimés de cette époque : *croy, voy, vien*, etc.

2° *Grâce* ou *grâces* à :

Mais moi, *grâce* au destin, qui n'ai ni feu ni lieu. Boil.
Grâce aux dieux, mon malheur passe mon espérance. Rac.
Je le veux, je le dois, *grâce* à vos injustices. Volt.

Grâces à nos malheurs, le crime est inutile. Corn.
Grâces aux dieux, mes mains ne sont pas criminelles. Rac.
Ah ! l'effort n'est pas grand, *grâces* à vos caprices. Volt.

3° *Jusque* et *jusques* :

Pensez-vous avoir lu *jusqu'au* fond de mon âme? Corn.
Tout *jusqu'à* sa servante est prêt à déserter. Boil.
Mena victorieux *jusqu'au* bout de la terre. Rac.

Dois-je me ravaler *jusques* à cet époux ? Corn.
Que plus d'un grand m'aima *jusques* à la tendresse. Boil.
Veut me sacrifier *jusques* à son amour. Rac.

4° *Guère* et *guères* :

Ulysse en fit autant. On ne s'attendait *guère*
   De voir Ulysse en cette affaire. La Font.
Seigneur, tant de grandeurs ne nous touchent plus *guère* :
Je les lui promettais tant qu'a vécu son père. Rac.
Et l'on ne pouvait *guère* en un pareil effroi, etc. Volt.

Mais les monstres, hélas ! ne t'épouvantent *guères* :
La race des Laïus les a rendus vulgaires. Rac.
Allons donc nous masquer avec quelques bons frères ;
Pour prévenir nos gens, il ne faut tarder *guères*. Mol.

5° *Certe* et *certes*.

L'orthographe *certe* est maintenant la plus ordinaire. Mais, en poésie, ce mot peut prendre une *s*.

Certes ou je me trompe, ou déjà la victoire, etc. Malh.
Alors, *certes*, alors je me connais poëte. Boil.

6° *Même* et *mêmes.*

Quand ce mot est joint à un pluriel, les poëtes ont la faculté de le prendre comme adjectif et de le faire accorder, ou comme adverbe et de le laisser invariable :

Dompter des nations, gagner des diadèmes,
Sans qu'aucun les connût, sans les connaître eux-*mêmes.*
[Corneille.

Jusqu'ici la fortune et la victoire *mêmes*
Cachaient mes cheveux blancs sous trente diadèmes. Rac.
Nous parlons de nous *même*[1] avec toute franchise. Corn.

Je crois que votre front prête à mon diadème
Un éclat qui le rend respectable aux dieux *même.* Rac.
L'ingrate à vos yeux *même* étale sa valeur. Id.
Sera par vos soins *même* exposée à vos coups. Volt.

7° Certains noms propres terminés par la lettre *s* peuvent la perdre en poésie. Ainsi l'on dit *Athènes* ou *Athène*, *Mycènes* ou *Mycène*, *Apelles* ou *Apelle*, *Charles* ou *Charle*, *Versailles* ou *Versaille*, *Londres* ou *Londre*, etc.

Ces deux siéges fameux de *Thèbes* et de Troie. Corn.
Athènes en gémit ; Trézène en est instruite. Rac.
Il suivait tout pensif le chemin de *Mycènes*;
Sa main sur les chevaux laissait flotter les rênes. Id.

Et dans *Valencienne* est entré comme un foudre. Boil.
Au tumulte pompeux d'*Athène* et de la cour. Rac.
Prends cette lettre, cours au-devant de la reine,
Et suis sans t'arrêter le chemin de *Mycène.* Id.

1. Il s'agit des poëtes.

Dans un petit nombre de mots, la poésie peut à volonté conserver ou supprimer l'*e* muet final.

1° Ainsi l'on écrit *encore* ou *encor :*

Que vous m'ayez séduit, et que je souffre *encore*
D'être déshonoré par celle que j'adore. CORN.
Étudions enfin, il en est temps *encore;*
Et, pour ce grand projet, tantôt, dès que l'aurore, etc.
                                              [BOILEAU.
Et moi, ce souvenir me fait frémir *encore*,
On voulait m'arracher de tout ce que j'adore. RAC.

Ce qu'il a fait pour elle, il peut *encor* le faire ;
Il peut la garantir *encor* d'un sort contraire. CORN.
Tandis que, libre *encor*, malgré les destinées. BOIL.
Non, vous n'espérez plus de nous revoir *encor*,
Sacrés murs, que n'a pu conserver mon Hector ! RAC.

2° *Zéphyre* et *Zéphyr* [1] *:*

Les plus aimables fleurs et le plus doux *zéphyre*
     Parfument l'air qu'on y respire. QUINAULT.
Les rayons d'un beau jour naissent de ton sourire;
De ton souffle léger s'exhale le *zéphyre*. DÉLILLE.

Et la troupe de Flore et celle des *zéphyrs*
De nos humbles pasteurs partagent les plaisirs. ROUSS.
Dont Flore et les *zéphyrs* embellissent les bords. VOLT.

1re *Remarque*. Jusqu'au milieu du dix-septième siècle, les poëtes avaient la liberté d'écrire *avecque*,

---

1. L'Académie établit une distinction arbitraire et subtile entre la signification de ces deux mots. Elle admet avec aussi peu de fondement une différence d'orthographe : *zéphyre* et *zéphyr*.

pour *avec*. Cette licence se trouve encore une fois dans une satire de Boileau, et une fois dans la seconde tragédie de Racine ; mais, avant la fin de ce siècle même, elle tomba entièrement en désuétude.

2° *Remarque*. Au chapitre de l'*élision*, nous avons parlé de la *synérèse*, par laquelle la poésie supprime l'*e* muet intérieur : *essaiera (essaîra), avouera, justifiera, enjouement*. Mais cette suppression est obligée: ce n'est plus une des ressources du versificateur.

3° *Remarque*. Pour la désinence des noms propres traduits du latin, il faut, en général, suivre l'usage. Cependant les poëtes ont quelquefois à leur disposition une double inflexions ; par exemple : *Claude* et *Claudius, Mécène* et *Mécénas, Lélius* et *Lélie, Porsenne* et *Porsenna*, etc.

Il faut éviter les mots qui aujourd'hui prêteraient au ridicule, comme *Brute, Crasse*, pour *Brutus, Crassus*, bien que Corneille s'en soit servi.

CHAPITRE IX.

Des Licences de construction. — De l'Inversion.

Notre prose construit les mots d'une manière fixe et uniforme, que l'on ne peut guère changer. Elle procède suivant l'ordre logique, et place successivement le *sujet*, le *verbe*, le *régime* ou le *complément* quelconque du verbe, le *complément* du régime, etc. Elle ne met que rarement le sujet après le verbe, presque jamais le régime avant le verbe, jamais le complément du régime avant le verbe. Telle est la rigueur de sa construction.

Une des facilités données à notre versification, et aussi un des charmes de notre poésie, consiste dans la liberté qu'a celle-ci de modifier l'ordre dont nous venons de parler, en d'autres termes d'employer l'*inversion*.

L'inversion est un des traits les plus frappants qui distinguent de la prose le langage poétique.

1° Il est permis de placer la préposition et son complément avant le substantif, ou l'adjectif, ou le verbe dont ils dépendent. Cette transposition est très-fréquente.

> Que les temps sont changés ! Sitôt que *de ce jour*
> La trompette sacrée annonçait le retour,
> *Du temple*, orné partout de festons magnifiques,
> Le peuple saint en foule inondait les portiques ;
> Et tous, *devant l'autel* avec ordre introduits,
> *De leurs champs dans leurs mains* portaient les premiers
> [fruits. RAC.

2° Lorsqu'un verbe en gouverne un autre à l'infinitif, le pronom qui est le régime du second se met élégamment avant les deux verbes, au lieu d'être intercalé au milieu. On dit en prose : *je veux* le *voir* ; en poésie on peut dire : *je le veux voir*.

> Si tu *me* veux aimer, aime-moi sans me craindre. CORN.
> Ce terme est équivoque : il *le* faut éclaircir. BOIL.
> Une reine à mes pieds *se* vient humilier. RAC.
> Hermione, seigneur ? il *la* faut oublier. ID.
> Oui, je *le* vais trouver, je *lui* vais obéir. VOLT.

3° En prose, le pronom personnel joint à l'impératif se met toujours après cet impératif. En poésie on peut le placer avant, en remplaçant *moi, toi,* par *me, te.* Il faut observer que cette construction n'a lieu que pour un second membre de phrase, et après une des conjonctions *et, ou.* Au lieu de : *et laisse*-toi *conduire,* on peut dire : *et* te *laisse conduire.*

> Sors du trône, et *te* laisse abuser comme moi. CORN.
> Polissez-le sans cesse, et *le* repolissez. BOIL.
> Tu veux servir : va, sers, et *me* laisse en repos. RAC.

4° Les adverbes *pas, point, plus,* construits avec un infinitif, et *assez,* joint à un adjectif, se transposent quelquefois en poésie, c'est-à-dire se placent après l'infinitif ou l'adjectif. Cette inversion a déjà un peu vieilli.

> Car c'est ne régner *pas* qu'être deux à régner. CORN.
> D'un Romain lâche *assez* pour servir sous un roi. ID.
> Aux menaces du fourbe on ne doit dormir *point.* MOL.
> Et que tout l'univers apprenne avec terreur
> A ne confondre *plus* mon fils et l'empereur. RAC.
> En m'arrachant mon fils, m'aurait punie *assez.* VOLT.

5° Nous avons dit que la prose met quelquefois le sujet après le verbe, comme dans les phrases suivantes : *Vienne* le temps, *les dépenses qu'a occasionnées* votre luxe, *le siècle où vivait* César, etc. Ces inversions sont, bien entendu, admises dans la poésie.

6° Dans l'ancien langage français, la transposition du sujet était fréquente. Jusqu'à Boileau, la poésie profita de cette liberté de construction, qu'elle a perdue aujourd'hui presque absolument.

Les exemples suivants, qui s'éloignent de l'ordre

de la prose, ont déjà pour nous quelque chose d'é-
trange :

> Rome, à qui vient *ton bras* d'immoler mon amant. Corn.
> Pour qui tient *Apollon* tous ses trésors ouverts. Boil.

L'inversion de l'attribut est généralement proscrite,
comme celle du sujet[1].

Le sujet et l'attribut peuvent se transposer dans le
style *marotique*[2].

7° Très-rarement aujourd'hui notre langue transpose le régime direct, c'est-à-dire le place avant le
verbe. Nous disons bien : *Le bruit* que *j'entends, je*
la *vois, pour* tout *dire, sans* rien *omettre, à* pierre
fendre ; mais la poésie n'a point, à cet égard, d'autres
priviléges que la prose. On ne mettrait plus, avec
Malherbe :

> Un courage[3] élevé *toute peine* surmonte.

Cette inversion resta admise sous Louis XIII. Elle
s'est conservée dans le genre *marotique*[4].

8° Une épithète, simple ou complexe, régie par un
verbe, peut en poésie se placer avant ce verbe, pourvu
que cette transposition ne produise pas d'ambiguïté :

> Que, *semblable* à Vénus, on l'estime sa sœur. Régnier.
> Du premier coup de vent il me conduit au port,
> Et, *sortant du baptéme*, il m'envoie à la mort. Corn.
> *Pleurante* après son char veux-tu que l'on me voie ? Rac.

---

1. Elle s'est conservée, même en prose, dans les anciennes
locutions : *Bien fou* sera celui, *homicide* point ne seras.
2. Voyez ci-après, p. 67.
3. C'est-à-dire *un cœur*.
4. Voyez ci-après, p. 67.

Raide mort étendu sur la terre il le couche. La Font.
Que *tout chargé de fers* à mes yeux on l'entraîne. Volt.

DÉFAUTS DE L'INVERSION.

« Le véritable génie, dit la Harpe en louant Malherbe, a été de débarrasser la langue des inversions qui ne sont pas naturelles. » Il ne faut qu'ouvrir les poëtes antérieurs à Malherbe, pour voir combien une réforme sur ce point était nécessaire. Il la tenta et l'obtint. Cet auteur si sévère a pourtant laissé échapper le vers suivant :

Mais mon âme *qu'à vous*[1] ne peut être asservie.

Nous allons essayer de classer les principaux vices de l'inversion.

1° On a vu, par beaucoup d'exemples, que la poésie transpose fréquemment le complément précédé d'une préposition. Cependant il faut avoir soin que cette transposition ne rapproche pas immédiatement deux substantifs. Ainsi les exemples suivants, qui sont perpétuels dans les anciens poëtes, ne seraient plus admis aujourd'hui :

Le regret du passé, *du présent* la misère. Régnier.
Qu'il assemble en festin *au renard* la cigogne. Id.
Elle prit *de ses jours* le printemps pour l'automne. Racan.
Sa bonté qui transforme *en merveille* l'envie. Motin.

La Harpe critique ce vers de Florian :

Ceux qui louaient le plus *de son chant* l'harmonie.

---

1. « Cette transposition, dit Ménage, n'est pas supportable. »

« Les règles de la construction poétique, senties par les oreilles délicates et exercées, exigeraient que l'on mît :

Tous ceux qui *de son chant* admiraient l'harmonie.

« De cette manière, l'inversion est bien placée; au lieu que deux substantifs rapprochés forment un hémistiche d'une dureté choquante. »

Boileau a dit :

Imitez *de Marot* l'élégant badinage.

L'inversion suivante serait défectueuse :

Imitez avec soin *de Marot* le langage.

De même ce vers :

Il donnait *de son art* les charmantes leçons. Boil.

deviendrait mauvais si l'on mettait :

Il donnait dans ses vers *de son art* les leçons.

2° Quand deux compléments, dépendants l'un de l'autre, sont précédés tous deux d'une préposition, ils doivent être placés à la suite et dans l'ordre logique.

Voltaire a dit dans l'*Orphelin de la Chine :*

Je n'ai pu *de mon fils* consentir *à la mort.*

« Inversion dure et forcée, dit la Harpe, étrangère au génie de notre langue. Observez, comme principe général, que l'inversion, dont le but est de varier notre versification sans dénaturer les procédés du langage, est naturelle au nôtre avec un régime direct, et qu'elle y répugne avec un régime indirect, quand il y a concours des deux particules *de* et *à*. Ainsi l'on aura très-bien :

Je n'ai pu *de mon fils* envisager la mort.

« Mais l'on aura tort de dire :

Je n'ai pu *de mon fils* consentir *à la mort*.

« Pourquoi? C'est que l'inversion est en quelque sorte double. Non-seulement vous mettez la particule relative *de* avant *la mort*, qui doit la régir, mais vous la mettez avant une autre particule qui doit naturellement la précéder, avant *à :* l'oreille est trop déroutée. En voulez-vous la preuve? c'est que vous diriez sans aucun embarras :

A la mort de mon fils je n'ai pu consentir.

« Vous n'avez fait ici que mettre le régime avant le verbe, ce que notre poésie permet ; mais dans aucun cas vous ne diriez : *De mon fils à la mort*, etc. »

Dans l'exemple suivant, Corneille a commis la même faute que Voltaire :

On s'étonne de voir qu'un homme tel qu'Othon
Daigne *d'un Vinnius* se réduire *à la fille*.

3° On ne peut rien mettre entre la préposition et un infinitif qui lui sert de complément[1]. Il n'est pas permis de construire, comme on le faisait autrefois : *sans* de toi *me plaindre, pour* à toi *plaire*, etc. On voit ce défaut dans les vers suivants :

1. Excepté dans quelques cas : *Pour* le *voir, sans* rien *dire, pour* tout *dire*, etc.

Sans d'autres arguments son poëme *allonger*. Du Bellay.
C'est ce qui m'a contraint *de* librement *écrire*. Régnier.
Pour d'un peuple mutin l'audace *foudroyer*. Touvant.

Quelques exemples de cette construction se trouvent encore dans Corneille :

Pour de ce grand dessein *assurer* le succès.

Il n'est pas moins choquant de séparer la préposition et le substantif qui en dépend :

Malgré de nos destins *la rigueur* importune. Corn.

4° En général, il faut éviter les inversions qui produisent une amphibologie, comme dans ce vers :

A peine *de la cour* j'entrai dans la carrière. Volt.

Le poëte veut dire : *A peine j'entrai dans la carrière de la cour*. Mais qu'arrive-t-il ? c'est qu'il n'eût pas construit la phrase autrement, s'il eût voulu dire que, *sortant de la cour*, *il était entré dans la carrière*, etc. ; et, par le dérangement des deux particules, son vers présente en effet ce dernier sens, suivant les principes de notre construction [1].

Je jure *à mon retour*[2] qu'ils périront tous deux. Corn.
La vertu *d'un cœur noble* est la marque certaine. Boil.

5° Enfin, on évitera les inversions forcées, dans le genre de celle-ci :

Tu n'as fait le devoir *que* d'un homme de bien. Corn.

1. La Harpe.
2. « Il faut, dit Voltaire : *je jure qu'à mon retour*. »

DE L'EMPLOI DE L'INVERSION.

En général, l'inversion n'est pas nécessaire ; son emploi sera déterminé par le besoin de la mesure et par les exigences de l'harmonie.

Nous ne la voyons pas dans les vers suivants :

Me dit que ses bienfaits, dont j'ose *me* vanter. Boil.
C'est maintenant, seigneur, qu'il faut *me* le prouver. Rac.
Ai-je flatté ses vœux *d'une fausse espérance ?* Id.
Le roi m'abuse-t-il *d'une espérance vaine ?* Crébil.

Mais l'inversion est quelquefois obligée : c'est lorsque l'idée, distribuée d'une manière progressive, doit finir par le trait le plus fort. La poésie alors a un grand avantage sur la prose, laquelle ne pourrait emprunter cette heureuse gradation.

Ce vers de Racine :

Et que méconnaîtrait *l'œil même de son père*

deviendrait faible si l'on mettait : *que l'œil même de son père méconnaîtrait.*

L'inversion bien employée, dit la Harpe, est d'autant plus nécessaire que souvent elle est le seul trait qui différencie le vers de la prose, et qu'en général, elle soutient la phrase poétique, et lui donne une marche plus ferme et plus noble.

Du temple, orné partout de festons magnifiques, .
Le peuple saint en foule inondait les portiques. Rac.

Changez l'ordre de ces deux vers :

Le peuple saint en foule inondait les portiques
Du temple, etc.

La phrase se traîne sur des béquilles [1].

Réciproquement, il faut s'abstenir de l'inversion, quand elle détruirait ou affaiblirait l'effet de la phrase :

Ils mettront la vengeance *au rang des parricides.* RAC.

La pensée est énervée si l'on met : *Au rang des parricides* ils mettront la vengeance.

Que dans cet autre vers du même poëte :

Je commence à voir clair *dans cet avis des cieux.*

on transpose ainsi :

Dans cet avis des cieux je commence à voir clair.

et au lieu d'un vers de style soutenu, on a un vers de comédie [2].

CHAPITRE X.

Des Licences de Grammaire.

1° L'adverbe *où* s'emploie souvent pour *à qui, auquel, à laquelle, vers lequel,* etc. Cette substitution donne au style de la concision et de la fermeté.

Saisissez-vous d'un trône *où* le ciel vous dispose. CORN.
C'est là l'unique étude *où* je veux m'attacher. BOIL.

---

1. *Cours de Littérature*, t. VIII, p. 188 (éd. in-18).
2. Marmontel.
3 L'inversion, dont nous venons de parler, est bien déjà une licence relative à la grammaire ; mais son importance exigeait un chapitre à part.

Et l'unique faveur, mon frère, *où* je prétends. RAC.
Je renonce à l'empire *où* j'étais destiné...
Et cet aveu honteux *où* vous m'avez forcée. ID.

2° On peut employer les prépositions *en, dans,* au lieu de *à,* devant un nom de ville qui commence par une voyelle, afin d'éviter l'hiatus :

Je serai marié, si l'on veut, *en* Alger. CORN.
Cassandre *dans* Argos a suivi votre père. RAC.
Allez *en* Albion : que votre renommée
Y parle en ma défense, et m'y donne une armée. VOLT.

3° La poésie admet un verbe au singulier avec plusieurs sujets du singulier :

L'obstacle qu'ils y font peut vous montrer sans peine
Quelle *est* pour vous et moi leur envie et leur haine. CORN.
Une église, un prélat m'*engage* en sa querelle. BOIL.
Que ma foi, mon amour, mon honneur y *consente.* RAC.
D'où *te bannit* ton sexe et ton impiété. ID.
Ane, cheval et mule aux forêts *habitait.* LA FONT.

ELLIPSE. — On appelle *ellipse* le retranchement d'un ou de plusieurs mots qui seraient nécessaires pour la régularité de la construction. Il y a des ellipses en prose ; nous ne nous occuperons que de celles de la poésie.

4° Les poëtes peuvent se dispenser de mettre un pronom en tête d'un second membre de phrase, quand bien même le sujet est déjà assez éloigné :

Mais je sais peu louer, et ma muse tremblante
Fuit d'un si grand fardeau la charge trop pesante;

Et, dans ce haut éclat où tu te viens offrir,
Touchant à tes lauriers, *craindrait* de les flétrir. Boil.
Je condamnai les dieux, et sans plus rien ouïr,
Fis vœu sur les autels de leur désobéir. Rac.
Je frémissais, Doris, et d'un vainqueur sauvage
Craignais de rencontrer l'effroyable visage. Id.

5° Ils offrent des ellipses encore plus hardies :

Ma cour fut ta prison, mes faveurs tes liens. Corn.
Il fut votre tuteur et vous son assassin...
Il passe pour tyran, quiconque s'y fait maître ;
Qui le sert, pour esclave, et qui l'aime pour traître. Id.

Il y a dans Racine un exemple célèbre d'ellipse :

Je t'aimais inconstant, qu'aurais-je fait fidèle ?

Au lieu de : *si tu avais été fidèle.*

En voici encore un autre du même poëte :

Amis, partageons-nous. Qu'Ismaël en sa garde
Prenne tout le côté que l'orient regarde ;
Vous, le côté de l'ourse ; et vous, de l'occident ;
Vous, le midi.

Voltaire a dit :

. . . . Peuple roi que je sers,
Commandez à César, César à l'univers.

MOTS POÉTIQUES.

Notre langue a très-peu de mots particuliers à la
poésie et qui ne puissent se rencontrer dans la prose

oratoire. Mais il en est un grand nombre dont les
poëtes font un bien plus fréquent usage.

Voici quelques-uns des mots qui sont plus particulièrement affectés à la poésie.

Au lieu de	Elle dit :
Ville,	Cité.
Cheval,	Coursier.
Ciel,	L'Olympe.
Colère,	Courroux.
Crime,	Forfait.
Hommes,	Mortels, humains.
Mariage,	Hymen, hyménée.
Épée,	Glaive, fer.
Eau,	Onde.
Vaisseau,	Nef.
Bateau,	Esquif.
Matelot,	Nautonier.
Enfers,	Le Tartare, le Ténare, le Cocyte, l'Achéron, le Styx.
Souffle (des vents),	Haleine.
Travail,	Labeur.
Côté,	Flanc.
Ventre,	Flanc, entrailles, sein.
Vent frais,	Zéphyr, zéphyre.
Vent violent,	Aquilon, Borée, les Autans.
Espace de cinq ans,	Lustre.
Terre ensemencée,	Guérets.
Ancien,	Antique.
Aussitôt,	Soudain.
Il n'y a pas longtemps,	Naguère.

Ajoutons quelques autres mots, que nous confir-
merons par des exemples.

1° *Alors que, cependant que,* s'emploient pour *lorsque, pendant que,* surtout dans le style élevé :

> Le ciel nous en absout *alors* qu'il nous le donne. CORN.
> Faut-il que l'on s'indigne *alors* qu'on vous admire ? VOLT.
> *Cependant* que de l'autre il croit être le père. CORN.
> *Cependant* que mon front, au Caucase pareil,
>   Brave l'effort de la tempête. LA FONT.

2° *Penser,* au lieu de *pensée* .

> Aux fragiles *pensers* ayant ouvert la porte. MALH.
> Mon cœur ne forme point de *pensers* assez fermes. CORN.
> Vainement offusqué de ces *pensers* épais. BOIL.
> Votre âme, à ce *penser,* de colère murmure. ID.
> Que j'ai toujours haŸ les *pensers* du vulgaire ! LA FONT.

3° *Discord, discords,* pour *différend, discussion,
querelle :*

> Puisque chacun, dit-il, s'échauffe en ce *discord.* CORN.
> De vos *discords* passés perdez le souvenir. ROTROU.
> Et que le ciel vous mît, pour finir vos *discords,*
>   L'un parmi les vivants, l'autre parmi les morts. RAC.

4° *Lors* pour *alors, las* [pour *hélas ,* ne s'emploie-
raient aujourd'hui que dans le genre familier.

DES LICENCES DU STYLE MAROTIQUE.

Marot réunit toutes les licences dont nous avons
parlé jusqu'ici. Il en présente d'autres encore, que
ce n'est pas le lieu d'énumérer.

La Fontaine est peut-être l'auteur qui a le plus

contribué à ressusciter la langue de Marot. Jean-
Baptiste Rousseau et Voltaire ont suivi ses traces.

Voici quelques constructions empruntées à la
langue du seizième siècle.

Inversion du sujet :

> A peine fut *cette scène* achevée. LA FONT.
> Or est *le cas* allé d'autre façon. ID.
>> Vous à qui donnèrent *les dieux*
>> Tant de lumières naturelles. VOLT.

Inversion de l'attribut :

> A sa Judith Boyer par aventure
> Était assis près d'un riche caissier :
> *Bien aise* était. RAC.
> *Miennes* je peux les dire ; et mon réseau
> En serait plein, sans ce maudit oiseau. LA FONT.
> *Honni* seras, ainsi que je prévoi. ROUSS.
> *Sacrés* ils sont, car personne n'y touche. VOLT.

Inversion du régime :

> Puis en autant de parts *le cerf* il dépeça. LA FONT.
>> Et ne pouvant *son faible* vous cacher,
>> *Le vôtre* au moins il tâche d'éplucher. ROUSS.
>> D'un air galant *leur figure* étalaient. VOLT.

Pour se rapprocher de leur modèle, les imitateurs
de Marot lui empruntent encore l'enjambement et
des expressions surannées.

Nous terminerons par un exemple, qui montrera
réunies les diverses licences du style marotique :

> Deux avocats, qui ne s'accordaient point,
> Rendaient perplexe un juge de province.

Si ne put onc[1] découvrir le vrai point,
Tant lui semblait que fût obscur et mince.
Deux pailles prend[2] d'inégale grandeur ;
Des doigts les serre : il avait bonne pince.
La longue échut sans faute au défendeur ;
Dont[3] renvoyé s'en va gai comme un prince.
La cour s'en plaint, et le juge repart :
« Ne me blâmez, messieurs, pour cet égard[4] :
De nouveauté dans mon fait il n'est maille[5] ;
Maint d'entre vous souvent juge au hasard,
Sans que pour ce tire à la courte paille. » LA FONT.

CHAPITRE XI.

De l'Harmonie.

Si l'*harmonie* du style est nécessaire à l'éloquence, elle l'est bien plus encore à la poésie. Le poëte, en adoptant le rhythme cadencé du vers, s'est engagé à offrir à l'oreille un charme qu'elle ne trouvait pas dans la prose : à plus forte raison doit-il, à l'exemple de l'orateur, choisir, parmi les mots qui se présentent à lui, ceux qui sont les plus doux à prononcer, et faire en sorte que leur mélange produise encore une agréable impression. Il sera parlé plus tard de l'*harmonie imitative;* nous verrons alors quelles restrictions il faut mettre à la règle générale de l'harmonie.

1. Aussi ne put-il jamais.
2. Il prend deux pailles.
3. D'où, en conséquence.
4. A l'égard de cela, pour cela.
5. Il n'y a pas du tout de nouveauté, il n'y a rien de nouveau.

Boileau, dans ces vers de l'*Art poétique*, nous a donné à la fois le précepte et l'exemple :

Il est un heureux choix de mots harmonieux ;
Fuyez des mauvais sons le concours odieux :
Le vers le mieux rempli, la plus noble pensée
Ne peut plaire à l'esprit, quand l'oreille est blessée.

Racine est peut-être, de tous nos poëtes, celui qui avait le sentiment le plus exquis de l'harmonie. Voyez, dans ces beaux vers, combien la mélodie des paroles ajoute à la grandeur des pensées :

Que peuvent contre lui [1] tous les rois de la terre ?
En vain ils s'uniraient pour lui faire la guerre :
Pour dissiper leur ligue il n'a qu'à se montrer ;
Il parle, et dans la poudre il les fait tous rentrer.
Au seul son de sa voix la mer fuit, le ciel tremble ;
Il voit comme un néant tout l'univers ensemble ;
Et les faibles mortels, vaints jouets du trépas,
Sont tous devant ses yeux comme s'ils n'étaient pas.

Boileau s'est souvent moqué des vers rocailleux de Chapelain. On verra par un échantillon combien cette critique était fondée :

Un seul endroit y mène, et de ce seul endroit
Droite et raide est la côte, et le sentier étroit.

« Quels vers, juste ciel ! s'écriait-il ; je n'en puis entendre prononcer un que ma tête ne soit prête à se fendre. »

La parodie suivante, que ce satirique a faite du style de Chapelain, est fort connue :

1. Dieu.

Maudit soit l'auteur dur, dont l'âpre et rude verve,
Son cerveau tenaillant, rima malgré Minerve ;
Et de son lourd marteau martelant le bon sens,
A fait de méchants vers douze fois douze cents.

Nous allons énumérer, en les classant, les princi
-pales causes qui nuisent à l'harmonie du style.

1° Il faut ranger en premier lieu, la succession de
plusieurs consonnes rudes : « C'est, dit Voltaire, le
mélange heureux des voyelles et consonnes qui fait
le charme de la versification. »

J'eus toujours *pour suspects les dons d'un* ennemi.
[CORNEILLE.
Jusqu'à ce qu'à vous-même il ait osé se prendre...
Ce fils *donc qu'a* pressé la soif de la vengeance. ID.

Un poëte peu connu [1] commence un vers par cet
hémistiche : *Arbre à grisâtre écorce.*
La Motte fournit beaucoup d'exemples de ces caco-
phonies :

Les rois qu'après leur mort on loue...
L'onde entre et fuit à flots égaux...
Cherche jusqu'en son adversaire...
Et du fond vif de ses pensées.

Les vers mosyllabiques sont en général peu harmonieux :

Je sais ce que j'ai fait, et ce qu'il vous faut faire. CORN.
Ah ! ce n'est pas ses soins que je veux qu'on me die. ID.
Soit qu'elle eût même en lui vu je ne sais quel charme. RAC.
Un feu qui de mes sens est même encor le maitre. VOLT.

1. Dulard.

Les mots tirés de langues étrangères qui ont leur
désinence en *em, am, us, as, ès, is, os,* etc., et qui se
prononcent comme s'ils étaient terminés par un *c*
muet, tels que *Jérusalem, Brutus, Cérès, Páris, Minos,*
ont quelque dureté lorsqu'ils sont suivis d'une consonne : *Jérusalem sera, Brutus croit.*

J'ai cru qu'*Antiochus* les tenait éloignés. Corn.
Tout le peuple en murmure, et *Félix* s'en offense. Id..
Jadis *Priam* soumis fut respecté d'Achille. Rac.
Minos juge aux enfers tous les pâles humains, Id.

Quelquefois un seul mot est choquant à l'oreille :

Ne *perds-je* pas assez, sans doubler l'infortune ? Corn.
  Tout ce que je sens, je l'exprime ;
  Ne *sens-je* plus rien ? je finis. La Motte.
  Et jamais elle n'est plus pure
  Qu'où le travail a moins de part. Id.

La Harpe blâme dans un endroit l'emploi des prétérits définis *brisâtes, remplîtes.*

2° La répétition de la même lettre dans une suite
de mots :

Que, quelque amour qu'elle ait et qu'elle ait pu donner.
         [Corneille.
On n'a tous deux qu'un cœur qui sent mêmes traverses...
Mon cœur te résistait, et tu l'as combattu. Id.
Qui changeant sur ce plat et d'état et de nom. Boil.
Gardez donc de donner, ainsi que dans Clélie. Id.
De toutes parts pressé par un puissant voisin. Rac.
Ingrat à tes bontés, ingrat à ton amour. Volt.
Tout art t'est étranger : combattre est ton partage. Id.

3° Une syllabe finale et une syllabe initiale qui
sont pareilles :

Tranchez donc cette *part par* où l'ignominie
Pourrait souiller l'éclat d'une si belle vie. CORN.
Qu'à son *ambition ont* immolé ses crimes. ID.
Barbin impatient chez moi frappe à la porte. BOIL.
Que, prête à se glacer, *traça sa* main mourante. VOLT.
Ils ont *nommé Mérope*, et j'ai rendu les armes. ID.

4° Deux mots ayant même consonnance **qui se**
suivent immédiatement :

Et d'un œil *vigilant épiant* ma conduite. VOLT.
Tel d'un bras *foudroyant fondant* sur les rebelles. ID.
Dans ses desseins toujours à mon *père contraire*. CRÉBIL.

5° La versification française n'admettant pas l'hiatus, il faut user sobrement des hiatus déguisés, mais
réels, que nos règles autorisent. Nous reproduirons
sommairement quelques points développés ci-dessus.

On devra éviter devant un mot commençant par
une voyelle :

Er se prononçant *é*, comme *papier innocent*, *guer-*
rier intrépide.

Un mot terminé effectivement par la même voyelle,
après que l'élision aura été faite, comme *armée étran-*
gère, *nuée épaisse*, *perfidie inouïe*, *rue humide;*

Les voyelles nasales, comme *tyran inflexible*,
maison élevée;

Un mot terminé par une consonne qui ne peut se
lier par la prononciation à la voyelle initiale du mot
suivant, comme *camp ennemi*, *champ ensemencé.*
Tels sont encore *nid, loup, drap*[1], etc.

1. Cependant les différentes rencontres de lettres que nous

L'*h* aspirée est dure, dans certains cas, par exemple
dans *et hors*[1], *être haï, la haïr.*

6° Le poëte pèche encore contre l'harmonie, quand
il fait rimer la césure avec la fin du vers :

Sortons ; qu'en sûreté j'examine avec vous,
Pour en venir à *bout*, les moyens les plus doux. CORN.
Je t'ai préféré même à ceux dont les parents
Ont jadis dans mon *camp* tenu les premiers rangs. ID.
De Corneille *vieilli* sais consoler Paris. BOIL.
Sur un de vos *coursiers* pompeusement orné. RAC.

On doit condamner dans ce cas une simple ressemblance de sons, comme par exemple celle d'un
masculin avec un féminin :

Nos desseins *avortés*, notre haine trompée. CORN.
Jusqu'au dernier *soupir* je veux bien te le dire. ID.
Aux Saumaises *futurs* préparer des tortures. BOIL.

7° Les hémistiches de deux vers ne doivent pas rimer entre eux. Cette consonnance trompe l'oreille, et
lui fait croire qu'elle entend quatre vers de six syllabes, au lieu de deux alexandrins :

De votre *dignité* soutenez mieux l'éclat :
Est-ce pour *travailler* que vous êtes prélat ? BOIL.
Je prodiguai mon *sang* : tout fit place à mes armes ;
Je revins *triomphant*. RAC.
Lorsqu'en des tourbillons de flamme et de fumée,

conseillons ici d'éviter sont bien moins sensibles, et peuvent
être admises, après un repos bien marqué :
Sauvez-nous de sa *main*, et redoutez les dieux. CORN.
1. « Roi *hors* est dur à l'oreille, » dit Voltaire à propos d'un
vers de *Cinna*.

Cent tonnerres d'airain, précédés des éclairs,
De leurs globes *brûlants* écrasent une armée ;
Quand de guerriers *mourants* les sillons sont couverts, etc.
[VOLTAIRE.

8° Il n'est pas bien qu'une césure offre une consonnance avec une rime voisine :

Voilà jouer d'adresse et médire avec art,
Et c'est avec respect enfoncer le *poignard*.
Un esprit né sans *fard*, sans basse complaisance. BOIL.
Il a dans ces horreurs passé toute la nuit.
Enfin, las d'appeler un sommeil qui le *fuit*,
Pour écarter de *lui* ces images funèbres, etc. RAC.

9° Il faut encore éviter que des rimes masculines et féminines qui se suivent aient le même son, soit dans des rimes *suivies*, soit dans des rimes *croisées:*

Avant que tous les Grecs vous parlent par ma *voix*,
Souffrez que j'ose ici me flatter de leur *choix*,
Et qu'à vos yeux, seigneur, je montre quelque *joie*
De voir le fils d'Achille et le vainqueur de *Troie*. RAC.
Mal prend aux volereaux de faire les *voleurs :*
    L'exemple est un dangereux *leurre*.
Tous les mangeurs de gens ne sont pas grands *seigneurs :*
Où la guêpe a passé, le moucheron *demeure*. LA FONT.

A plus forte raison, une succession de plus de quatre consonnances pareilles est-elle répréhensible.

10° Dans les rimes *plates*, la même consonnance ne doit pas reparaître deux fois de suite à une rime, soit masculine, soit féminine :

Soudain, Potier se lève, et demande *audience :*
Chacun, à son aspect, garde un profond *silence*.
Dans ce temps malheureux, par le crime *infecté*,

Potier fut toujours juste, et pourtant *respecté.*
Souvent on l'avait vu, par sa mâle *éloquence,*
De leurs emportements réprimer la *licence,*
Et, conservant sur eux sa vieille *autorité,*
Leur montrer la justice avec *impunité.* Volt.

11° Certaines rimes sont désagréables à l'oreille.
Telles sont les prétérits définis et les imparfaits du
subjonctif : *mîtes, reçûtes, vîmes, flattasse, reçusse.*

CHAPITRE XII.

Du Nombre, de la Cadence, du Rhythme.

Le *nombre* est une succession de syllabes réunies
dans un petit espace de temps distinct et limité. L'ensemble des nombres d'un vers en forme la *cadence,*
le *rhythme.*

Il y a dans les nombres d'un vers, comme dans
ceux de la prose, des syllabes sonores et des syllabes
sourdes, accentuées et non accentuées, des temps
forts et des temps faibles.

Les vers français, comme ceux de toutes les langues
modernes, exigent certains temps forts, ou, ce qui
est la même chose, certains *accents.*

Une oreille tant soit peu exercée sent le besoin de
cette harmonie, bien qu'on en ignore généralement
la source.

Nous avons déjà indiqué deux accents nécessaires
au vers alexandrin, celui de l'hémistiche et celui de
la rime. Il en a encore deux autres, dont la place varie.

Ces nouveaux accents se placent :

Dans le premier hémistiche, sur l'une des quatre premières syllabes ;

Dans le second, sur la septième, la huitième, la neuvième ou la dixième.

Les accents sur la seconde ou la troisième syllabe, sur la huitième ou la neuvième, sont les plus fréquents :

A *peine* nous sor*tions* des *portes* de Trézène,
Il *était* sur son *char ;* ses *gardes* afflig*és.* RAC.
L'œil *morne* mainte*nant* et la *tê*te baissée...
S'*élève* à gros b*ouillons* une mon*tagne* hu*mide*...
Ils ne conn*aissent plus* ni le *frein* ni la *voix*...
Portent de ses che*veux* les dépouilles san*glantes*...
Où la ver*tu* re*spire* un *air* empoisonn*é*...
Cieux, écoutez ma *voix; terre*, prête l'*oreille.* ID.

Le rhythme est sensible dans tous ces vers. La mobilité des deux accents que nous pouvons appeler secondaires fait éviter la monotonie qui résulterait de nombres uniformes.

Dans un morceau suivi nous allons retrouver ces divers accidents :

Ce *Dieu*, maître abs*olu* de la *terre* et des *cieux*,
N'est point *tel* que l'erreur le fi*gure* à nos *yeux* :
L'É*ternel* est son *nom ;* le *monde* est son ou*vrage :*
Il en*tend* les sou*pirs* de *l'humble* qu'on ou*trage,*
Juge tous les mor*tels* avec d'égales *lois,*
Et du *haut* de son *trône* interroge les *rois* :
Des plus *fermes* États la *chute* épouvan*table,*
Quand il *veut,* n'est qu'un *jeu* de sa *main* redou*table.* RAC.

Un vers alexandrin est mal cadencé quand l'accent final (celui de la rime), ou l'accent médial (celui de l'hémistiche), sont trop peu marqués ; quan il a plus ou moins de quatre accents, quand deux accents se suivent immédiatement.

Nous avons fait sentir l'importance des accents de l'hémistiche et de la rime dans les chapitres de la *césure* et de l'*enjambement*. Nous ne nous occuperons ici que des accents secondaires.

1° L'accent est détruit et le vers mal cadencé quand il y a une suite d'*e* muets :

> Vous le mieux révéler qu'il *ne me le* révèle. Corn.
> Ce que je vais vous être et *ce que je* vous suis. Id.

2° Un hémistiche qui a plus de deux accents étonne l'oreille par sa marche saccadée :

> Moi-*même*, Ar*nauld*, i*ci* qui te prêche en ces rimes. Boil.
> Cal*chas*, dit-*on*, pré*pare* un pompeux sacrifice. Rac.
> Vous *jure* ami*tié*, *foi*, *zèle*, estime, ten*dresse*. Mol.

En général, beaucoup de petits membres de phrase, une accumulation de verbes ou d'épithètes, produisent ce défaut.

3° Quand les accents mobiles sont immédiatement avant l'hémistiche ou avant la rime, en sorte que les deux accents se suivent, ce rapprochement nuit à l'harmonie :

> Ainsi que la naissance, ils ont les *esprits bas*. Corn.

On lit dans la tragédie d'*Horace* :

> Je suis Romaine, hélas! puisque Horace est Romain. Corn.

Il y avait dans la première édition :

> Je suis Romaine, hélas ! puisque mon *époux l'est*.

Voici encore quelques exemples analogues :

Mais si quelquefois, las de forcer les murailles. BOIL.
Que me sert, en effet, d'un admirateur fade ? ID.
Puis chaque canard prend un bâton par le bout. LA FONT.
Ciel ! quel vaste concours! Agrandissez-vous, temples.
[GILBERT.

CADENCE DE LA PÉRIODE. — La cadence se fait
sentir non-seulement dans un vers, mais encore dans
une suite de vers. Rien ne serait plus monotone que
les alexandrins, si chacun isolément renfermait une
idée, ou s'ils tombaient deux à deux. L'art consiste
à faire disparaître l'uniformité, en donnant plus ou
moins d'étendue à la phrase poétique.

Notre poésie admet les périodes riches et nombreuses. Racine est le meilleur modèle à suivre pour
apprendre à les distribuer :

Faut-il le transporter aux plus affreux déserts ?
Je suis prête : je sais une secrète issue
Par où, sans qu'on le voie, et sans être aperçue,
De Cédron avec lui traversant le torrent,
J'irai dans ce désert où jadis en pleurant,
Et cherchant comme nous son salut dans la fuite,
David d'un fils rebelle évita la poursuite.

Voici un autre exemple, qui est également extrait
d'Athalie :

Jéhu, qu'avait choisi sa sagesse profonde,
Jéhu, sur qui je vois que votre espoir se fonde,
D'un oubli trop ingrat a payé ses bienfaits :
Jéhu laisse d'Achab l'affreuse fille en paix,
Suit des rois d'Israël les profanes exemples,
Du vil dieu de l'Égypte a conservé les temples,
Jéhu sur les hauts lieux enfin osant offrir

> Un téméraire encens que Dieu ne peut souffrir,
> N'a, pour servir sa cause et venger ses injures,
> Ni le cœur assez droit, ni les mains assez pures.

Dans les vers à rimes mêlées, il y a un art particulier de prolonger la période d'une manière harmonieuse. On le reconnaît notamment dans Gresset.

Dans les vers entrelacés, dit Marmontel, la rime et la pensée doivent se clore ensemble, si l'on veut que la période poétique soit nombreuse et arrondie. Qui croirait, par exemple, que ces vers fussent d'une pièce rimée :

> Il faut encor que mon exemple,
> Mieux qu'une stoïque leçon,
> T'apprenne à supporter le faix de la vieillesse,
> A braver l'injure des ans. CHAULIEU.

CHAPITRE XIII.
De l'Harmonie imitative.

Quand la parole exprime un objet qui, comme elle, affecte l'oreille, elle peut imiter les sons par les sons, la vitesse par la vitesse et la lenteur par la lenteur, avec des nombres analogues. Des articulations molles, faciles et liantes, ou rudes, fermes et heurtées, des voyelles sonores, des voyelles muettes, des sons graves, des sons aigus, et un mélange de ces sons, plus lents ou plus rapides, forment des mots qui, en exprimant leur objet à l'oreille, en imitent le bruit ou le mouvement, ou l'un et l'autre à la fois, comme en français les mots *hurlement, gazouiller, mugir, aboyer, miauler.* C'est avec ces termes imitatifs que l'écrivain forme une succession de sons qui, par une ressemblance physique, imitent l'objet qu'ils expriment [1].

On appelle *onomatopée* un mot ou une suite de mots qui peignent ainsi la nature.

Dans tous les exemples que nous donnerons de *l'harmonie imitative*, on verra que les préceptes généraux sont presque constamment violés.

Nous subdiviserons les divers procédés par lesquels on produit cette imitation de la chose par le son, bien qu'ils se trouvent assez souvent réunis.

§ 1. HARMONIE IMITATIVE RÉSULTANT DU CHOIX DE CERTAINES LETTRES, DE CERTAINES SYLLABES.

1° Certaines lettres dures à prononcer, comme *r*, *t*, *x*, une suite de monosyllabes, pourront imiter un bruit qui affecte désagréablement l'oreille, ou exprimeront l'effort, la difficulté. Des syllabes peu sonores imiteront un bruit sourd.

Boileau est peut-être l'auteur qui a su le mieux tirer de notre poésie les effets qu'elle avoue.

Délivre les vaisseaux, des Syrtes les arrache....
Quoi ! dit-elle d'un ton qui fit trembler les vitres....
Du lugubre instrument font crier les ressorts....
De l'antre redouté les soupiraux gémirent. BOIL.

Tout le monde a admiré cet hémistiche de Racine :

L'essieu crie et se rompt.

Et ces deux vers du même poëte :

1. Marmontel.

6

Indomptable taureau, dragon impétueux,
. Sa croupe se recourbe en replis tortueux[1].

L'harmonie imitative est encore sensible dans ces
vers de *la Henriade* :

Tel que du haut d'un mont de frimas couronné,
Au milieu des glaçons et des neiges·fondues,
Tombe et roule un rocher qui menace les nues. VOLT.

Dans de nombreux passages, l'auteur des *Saisons*,
Saint-Lambert, prouve une connaissance approfondie de l'art de produire ces effets :

· Neptune a soulevé les plaines turbulentes ;
La mer tombe et bondit sur ses rives tremblantes ;
Elle remonte, gronde, et ses coups redoublés
Font retentir l'abîme et les monts ébranlés.

La mer tombe et bondit.... Elle remonte, gronde.
Ces deux hémistiches ne font-ils pas entendre le
bruit du flot qui heurte le rivage, ou qui est refoulé
vers la haute mer[2]?

Delille imite ainsi le bruit du canon :

Et le bronze et l'airain tonnant dans les combats.

Il rend par un vers heureux l'impression d'une
saveur désagréable :

D'un acide piquant aiguise encor l'aigreur.

2° L'emploi de la lettre *s* conviendra quand le poëte
voudra exprimer un sifflement, un bruit aigre :

_____

1. Quand l'imitation demande de la rudesse dans les sons,
nos bons poëtes savent appeler les consonnes à leur secours, et
dire, pour dépeindre un monstre : *indomptable taureau*, etc.
(RACINE le fils.)
2. La Harpe.

La Discorde, à l'aspect d'un calme qui l'offense,
Fait siffler ses serpents, s'excite à la vengeance. BOIL.
Pour qui sont ces serpents qui sifflent sur vos têtes ? RAC.
Il marchait d'un pas relevé,
Et faisait sonner sa sonnette. LA FONT.

3° Nous avons dit[1] qu'il faut éviter des rimes mas-
lines et féminines présentant successivement la même
consonnance. Mais si le poëte parvient à imiter un
bruit par cette uniformité de désinences, ce qui serait
en général un défaut devient un mérite. On a loué
ce passage de Racine :

O mont de Sinaï, conserve la mémoire, etc.
Dis-nous pourquoi ces feux et ces *éclairs*,
Ces torrents de fumée et ce bruit dans les *airs*,
Ces trompettes et ce *tonnerre :*
Venait-il[2] renverser l'ordre des éléments ?
Sur ses antiques fondements
Venait-il ébranler la *terre ?*

4° La répétition consécutive de la même consonnance, que nous avons blâmée en parlant de l'harmonie en général, est quelquefois d'un heureux effet.
Elle peint une action réitérée; elle montre un à un
tous les détails d'un événement ou d'un portrait :

Français, Anglais, Lorrains, que la fureur assemble,
Avançaient, combattaient, frappaient, mouraient en-
[semble. VOLT.

La Fontaine a dit, dans sa fable du *Vieillard et
l'Âne :*

1. Voyez ci-dessus, p. 75.
2. Dieu.

> Il y lâche sa bête; et le grison se rue
>   Au travers de l'herbe menue,
>   Se vautrant, grattant et frottant,
>   Gambadant, chantant et broutant.

5° Quand on voudra peindre des objets riants, giacieux, on choisira des syllabes d'une prononciation coulante :

> Telle qu'une bergère, au plus beau jour de fête,
> De superbes rubis ne charge point sa tête,
> Et, sans mêler à l'or l'éclat des diamants,
> Cueille en un champ voisin ses plus beaux ornements.
>   [BOILEAU.

>   Il donne aux fleurs leur aimable peinture;
>   Il fait naître et mûrir les fruits;
>   Il leur dispense avec mesure
> Et la chaleur des jours et la fraîcheur des nuits;
> Le champ qui les reçut les rend avec usure. RAC.

Le poëte rapproche quelquefois dans le même cadre deux effets qui contrastent :

> Fait des plus secs chardons des lauriers et des roses. BOIL.

On remarquera avec quel art la douceur du second hémistiche est opposée à la dureté du premier.

> J'aime mieux un ruisseau qui sur la molle arène
> Dans un pré plein de fleurs lentement se promène,
> Qu'un torrent débordé qui, d'un cours orageux,
> Roule plein de gravier sur un terrain fangeux. BOIL.

Racine le fils, qui a écrit sur l'*Harmonie imitative*, a prouvé qu'il savait joindre l'exemple au précepte. On lit dans son poëme de *la Religion :*

La branche en longs éclats cède au bras qui l'arrache;
Par le fer façonnée, elle allonge la hache.
L'homme, avec son secours, non sans un long effort,
Ébranle et fait tomber l'arbre dont elle sort ;
Et, tandis qu'au fuseau la laine obéissante
Suit une main légère, une main plus pesante
Frappe à coups redoublés l'enclume qui gémit.
Là lime mort l'acier, et l'oreille en frémit.

Ces vers présentent aussi l'harmonie imitative du
rhythme, dont nous parlerons bientôt.

Remarque. Cette analogie de l'harmonie avec l'idée
est un besoin du style, et un mérite des grands écri-
vains. Il y a peu de goût à choisir une couleur re-
poussante pour représenter des objets gracieux, ou
des tons brillants pour des objets hideux.

La Harpe critique avec raison ce vers de Fonte-
nelle :

De la voix de Daphné que le doux son me touche!

« Un hémistiche aussi dur que *doux son me touche*, pour exprimer la douceur de la voix ! »

§ 2. HARMONIE IMITATIVE RÉSULTANT DES HIATUS
PERMIS ET DES ASPIRATIONS.

Nous avons vu[1] que certaines rencontres effectives
de voyelles, certains hiatus réels, sont permis dans
notre versification, comme aussi l'*h* aspirée après une
voyelle. S'il est vrai que ce conflit de voyelles a dans
les cas ordinaires quelque chose de dur, il est également vrai que le poëte peut en tirer des effets d'har-

1. Ci-dessus, p. 36 et suiv.

monie imitative. Nous en trouvons un dans ces vers, déjà cités :

> Gardez qu'une voyelle, à courir *trop hâtée*,
> Ne soit qu'une voyelle en son *chemin heurtée*. Boil.

Voici des exemples analogues :

> Là Xénophon dans *l'air heurte* contre un la Serre. Boil.
> L'avocat au palais *en hérissa* son style. Id.
> L'essieu *crie et* se rompt. Rac. .
> Des coursiers attentifs le crin *s'est hérissé*. Id.
> Après bien du travail, le coche arrive *au haut*. La Font.

Racine le fils signale avec raison une intention pareille dans ce vers de Boileau :

> Le *chardon importun hérissa* nos guérets.

§ 3. HARMONIE IMITATIVE RÉSULTANT DE LA CADENCE.

On produit encore l'harmonie imitative par le choix des syllabes longues ou brèves, pesantes ou rapides, par la disposition des accents, la place d'un mot, l'emploi d'une inversion.

1° Pour peindre un mouvement prompt, une course agile, on choisit une cadence légère :

> Je m'en vais les pleurer. Va, cours, vole et me venge.
> [Corneille.

> Sa servante Alison la rattrape et la suit. Boil.
> Du passant qui le fuit semble suivre les yeux....
> Le chagrin monte en croupe, et galope avec lui....
> Tu me verras souvent, à te suivre empressé,
> Pour monter à cheval rappelant mon audace,
> Apprenti cavalier, galoper sur ta trace....
> Marchez, courez, volez où l'honneur vous appelle....
> Où fuirai-je ? Elle vient, je la vois.... je suis mort. Id.

Fais donner le signal, cours, ordonne et reviens. Rac.
Va, cours; mais crains encor d'y trouver Hermione. Id.
Compagnons, apportez et le fer et les feux ;
Venez, volez, montez sur ces murs orgueilleux. Volt.
Les torrents bondissants précipitent leur onde. Delille.

2° La lenteur, l'effort, la difficulté, le calme, l'ac-
cablement, seront rendus par des syllabes lourdes,
pénibles, par des cadences graves, pesantes :

Quatre bœufs attelés, d'un pas tranquille et lent,
Promenaient dans Paris le monarque indolent. Boil.

Les vers, dit la Harpe, marchent aussi lentement
que les bœufs qui tiraient le char.

Le blé, pour se donner, sans peine ouvrant la terre,
N'attendait pas qu'un bœuf, pressé de l'aiguillon,
Traçât à pas tardifs un pénible sillon. Boil.

On est contraint, dit Racine le fils, de prononcer
ces vers avec peine et lenteur ; au lieu qu'on est emporté malgré soi dans une prononciation douce et
rapide par celui-ci :

Le moment où je parle est déjà loin de moi. Boil.

Ajoutons un exemple de la Fontaine :

Dans un chemin montant, sablonneux, malaisé,
Et de tous les côtés au soleil exposé,
    Six forts chevaux tiraient un coche [1].
Femmes, moines, vieillards, tout était descendu;
L'équipage suait, soufflait, était rendu.

« On ne peut, dit la Harpe, prononcer ces mots

1. Une diligence.

suait, soufflait, sans être presque essoufflé : on n'imite pas mieux avec les sons. »

3° Les poëtes rendent encore la nature en plaçant à la césure ou à la rime un mot qu'ils veulent faire ressortir ; ou bien ils le mettent en saillie à l'aide d'une inversion :

> Ses murs, dont le sommet se dérobe la vue,
> Sur la cime d'un *roc* s'allongent dans la nue. BOIL.

Le monosyllabe *roc,* ainsi placé à l'hémistiche, forcé les yeux et l'attention du lecteur de s'arrêter sur l'emplacement qu'occupe cette tour.

> Sur son épaule *il charge* une lourde cognée. BOIL.

Substituez au premier hémistiche :

> *Il met sur son épaule* une lourde cognée.

vous n'avez plus d'image, ni par conséquent de poésie.

> Un riche abbé....
> Oppressé *fut* d'une indigestion. VOLT.

Si le poëte eût mis *fût oppressé,* remarque la Harpe, l'effet du vers était perdu.

4° Le rapprochement des deux accents d'un hémistiche appelle l'attention sur un monosyllabe :

> J'aime mieux les *voir morts* que couverts d'infamie. CORN.
> Faites que *Joas meure* avant qu'il vous oublie. RAC.
> Le sang de vos *rois crie,* et n'est point écouté. ID.

En mettant plus de deux accents dans un hémistiche, on peut faire ressortir chacun des mots qui le composent, et rendre l'action ou l'idée plus frappante en la subdivisant dans ses détails :

Soudain nous entassons, pour défenses nouvelles,
Bancs, *tables*, *coffres*, *lits*, et jusqu'aux escabelles. CORN.
Sa fierté l'abandonne : il *tremble*, il *cède*, il *fuit*. BOIL.
Et son corps entr'ouvert chan*celle*, *éclate* et *tombe*. ID.
Roi, *prêtres*, *peuple*, allons, pleins de reconnaissance,
De Jacob avec Dieu confirmer l'alliance. RAC.
Un *souffle*, une *ombre*, un *rien*, tout lui donnait la fièvre.
[LA FONT.

§ 4. HARMONIE IMITATIVE RÉSULTANT
DES GRANDS MOTS.

L'emploi des grands mots servira pour rendre un bruit qui se prolonge, un objet grandiose, une action qui se continue, une longue durée. :

Et l'orgue même en pousse un long *gémissement*. BOIL.
Le superbe animal, agité de tourments,
Exhale sa douleur en longs *mugissements*. ID.
Ses longs *mugissements* font trembler le rivage. RAC.
Je te plains de tomber dans ses mains *redoutables*,
Ma fille. En achevant ces mots *épouvantables*, etc. ID.
Et ce n'est qu'en suivant un dangereux exemple
Que nous pouvons, comme eux, arriver jusqu'au temple
De *l'immortalité*. ROUSS.

§ 5. HARMONIE IMITATIVE RÉSULTANT DE LA CÉSURE,
DES COUPES ET SUSPENSIONS.

1° Un mot placé à la césure, et habilement détaché du reste de la phrase, peut faire image :

L'onde approche, se *brise*, et vomit à nos yeux
Parmi des flots d'écume un monstre furieux. RAC.

L'effet disparaîtrait si ces mots : *l'onde approche*, *se brise*, formaient le second hémistiche.

Le coursier, l'œil éteint et l'oreille baissée,
Distillant lentement une sueur glacée,
Languit, chancelle, *tombe*, et se débat en vain. DLLILLE.

2°Quoique, en général, une phrase se termine avec un vers, quelquefois un repos complet est placé à la césure, et le second hémistiche commence une idée nouvelle.

Cette coupe, assez rare, rend l'opposition plus sensible.

Pleurez ce sang, pleurez : ou plutôt sans pâlir
Considérez l'honneur qui doit en rejaillir. RAC.
Je prodiguai mon sang; tout fit place à mes armes;
Je revins triomphant. Mais le sang et les larmes
Ne me suffisaient pas pour mériter ses vœux. ID.

La suspension de l'idée sur l'hémistiche exprime aussi la rapidité d'une action :

Une église, un prélat m'engage en sa querelle :
Il faut partir, j'y cours. Dissipe tes douleurs. BOIL.
Tout s'empresse, tout part. La seule Iphigénie,
Dans ce commun bonheur, pleure son ennemie. RAC.
Il y vole, il est pris : ce blé couvrait d'un lacs
   Les menteurs et traîtres appâts. LA FONT.

3° Une suspension, un repos dans l'un des deux hémistiches fixe l'esprit sur cette partie du vers ainsi isolée. Cette coupe est propre à peindre un objet physique suspendu, ou une chute soudaine, ou une action interrompue tout à coup, ou un fait consommé en un instant.

Coupes dans le premier hémistiche.

COUPE APRÈS DEUX SYLLABES.

Il est une autre voie et plus sûre et plus prompte,

Que dans l'éternité j'aurais lieu de bénir,
La mort ; et c'est de vous que je puis l'obtenir. CORN.
Tout fuit, et sans s'armer d'un courage inutile,
Dans le temple voisin chacun cherche un asile. RAC.
J'entre. Le peuple fuit, le sacrifice cesse. ID.
Henri vole à leur tête et monte le premier :
Il monte, il a déjà, de ses mains triomphantes,
Arboré de ses lis les enseignes flottantes. VOLT.

COUPE APRÈS TROIS SYLLABES.

Il la suit, et tous deux, d'un cours précipité,
De Paris à l'instant abordent la cité. BOIL.
Tu te souviens du jour qu'en Aulide assemblés,
Nos vaisseaux par les vents semblaient être appelés ;
Nous partions, et déjà par mille cris de joie, etc. RAC.
Tout se tait : et moi seul, trop prompt à me troubler,
J'avance des malheurs que je puis reculer. ID.
La fortune a, dit-on, des temples à Surate ;
Allons là. Ce fut un de dire et s'embarquer. LA FONT.
Les ligueurs devant lui demeurent pleins d'effroi ;
Ils semblaient respecter leur vainqueur et leur roi :
Ils cédaient. Mais Mayenne à l'instant les ranime. VOLT.

COUPE APRÈS QUATRE SYLLABES.

As-tu vu quelle joie a paru dans ses yeux ?
Combien il est sorti satisfait de ma haine ?
Que de mépris ! TH. CORN.
Eh bien, allez ; sous lui fléchissez les genoux. BOIL.
Que les peuples entiers dans le sang soient noyés ;
Je veux qu'on dise un jour aux peuples effrayés
Il fut des Juifs ! RAC.
Si ma fille une fois met le pied en Aulide.
Elle est morte : Calchas, qui l'attend en ces lieux,
Fera taire nos pleurs, fera parler les dieux. ID.

Coupes dans le second hémistiche.

COUPE APRÈS LA HUITIÈME SYLLABE.

Désarmé, je recule, *et rentre;* alors Orphise,
De sa frayeur mortelle aucunement remise. CORN.
L'Attique est votre bien. *Je pars,* et vais pour vous
Réunir tous les vœux partagés entre nous. RAC.
Et périssez du moins *en roi,* s'il faut périr. ID.
Il prend à tous les mains; *il meurt,* et les trois frères
Trouvent un bien fort grand, mais fort mêlé d'affaires.
                              [LA FONTAINE.

La Harpe cite avec éloge le passage suivant de Roucher :

Mais trop souvent la neige, arrachée à la cime,
Roule en bloc bondissant, court d'abîme en abîme,
Gronde comme un tonnerre, et grossissant toujours,
A travers les rochers fracassés de son cours,
Tombe dans les volcans, *s'y brise,* et des campagnes
Remonte en brume épaisse au sommet des montagnes.

COUPE APRÈS LA NEUVIÈME SYLLABE.

Pour m'en éclaircir donc, *j'en demande;* et d'abord
Un laquais effronté m'apporte un rouge-bord. BOIL.
Cependant le prélat, l'œil au ciel, la main nue,
Bénit trois fois les noms, et trois fois les remue ;
Il tourne le bonnet, *l'enfant tire,* et Brontin
Est le premier des noms qu'amène le destin. ID.
Chacun peut à son choix disposer de son âme :
La vôtre était à vous, *j'espérais;* mais enfin
Vous l'avez pu donner sans me faire un larcin. RAC.
Le ciel brille d'éclairs, *s'entr'ouvre,* et parmi nous
Jette une sainte horreur qui nous rassure tous....
Je l'ai trouvé couvert d'une affreuse poussière.

Revêtu de lambeaux, *tout pâle ;* mais son œil
Conservait sous la cendre encor le même orgueil. Rac.
Poules, poulets, chapons, *tout dormait.* Le fermier,
    Laissant ouvert son poulailler, etc. La Font.

Ce genre d'effet convient particulièrement dans les
narrations et les descriptions :

Tantôt un vaste amas d'effroyables nuages
S'élève, s'épaissit, *se déchire,* et soudain
La pluie à flots pressés s'échappe de son sein. Delille.

COUPE APRÈS LA DIXIÈME SYLLABE.

Ce soupir redoublé.... — *N'achevez point :* allez ;
Je vous obéirai plus que vous ne voulez. Corn.
Et puis, quand le chasseur croit que son chien la pille,
Elle lui dit adieu, *prend sa volée,* et rit
De l'homme qui, confus, des yeux en vain la suit. La Font.
Vos tombeaux se rouvraient, *c'en était fait ;* Tarquin
Rentrait, dès cette nuit, la vengeance à la main. Volt.
Les animaux ont fui, l'homme éperdu frissonne ;
L'univers ébranlé *s'épouvante....* Le dieu
D'un bras étincelant dardant un trait de feu, etc. Delille.

§ 6. HARMONIE IMITATIVE RÉSULTANT DES ENJAMBEMENTS, DES REJETS.

L'enjambement reporte dans un vers un ou plusieurs mots qui sont le complément grammatical du
vers précédent. Employé avec art, il est une des ressources de l'harmonie imitative. On remarquera qu'il
ne convient guère qu'à la poésie descriptive.

ENJAMBEMENT D'UNE SYLLABE.

Viens, descends, arme-toi ; que ta foudre enflammée
Frappe, écrase à nos yeux leur sacrilége armée. Volt

Quelquefois l'un d'entre eux, vaincu du poids des grains
Qu'il traîne en haletant aux greniers souterrains,
Tombe; et tout épuisé de force et de constance, etc.
[Roucher.

Comme on le voit dans ces exemples, et comme on le verra dans les suivants, l'enjambement consiste dans un verbe; il est ordinairement adouci par la conjonction *et*, qui le suit immédiatement.

ENJAMBEMENT DE DEUX SYLLABES.

Des chantres désormais la brigade timide
S'écarte, et du palais regagne le chemin. Boil.
Le chanoine, surpris de la foudre mortelle,
Se dresse, et lève en vain une tête rebelle. Id.
Un flot au loin blanchit, s'allonge, s'enfle et gronde;
Soudain le mont liquide, élevé dans les airs,
Retombe : un noir limon bouillonne sur les mers. Delil.
Il marche, et près de lui le peuple entier des mers
Bondit, et fait au loin jaillir les flots amers. Id.

ENJAMBEMENT DE TROIS SYLLABES.

Horace, les voyant l'un de l'autre écartés,
Se retourne, et déjà les croit demi-domptés. Corn.
Quand Boirude, qui voit que le péril approche,
Les arrête; et, tirant un fusil de sa poche, etc. Boil.
Là-dessus, maître rat, plein de belle espérance,
Approche de l'écaille, allonge un peu le cou,
Se sent pris comme aux lacs; car l'huître tout d'un coup
Se referme. Et voilà ce que fait l'ignorance. La Font.

Il n'est personne qui ne sente combien cet enjambement *se referme* présente une vive image de la chose.

Vers la source sacrée où le fleuve repose
Il arrive; il s'arrête, et tout baigné de pleurs, etc. Del.

ENJAMBEMENT DE QUATRE SYLLABES.

L'aimable Bérénice entendrait de ma bouche
Qu'on l'abandonne ! Ah ! reine, et qui l'aurait pensé? RAC.
Le monstre, déployant ses ailes ténébreuses,
Vole au Cathay, s'abat sur ses villes nombreuses. ROUCH.

Remarque. Comme nous l'avons dit, l'enjambement
et le rejet frappent l'esprit, en détachant une portion
du vers, qui ordinairement n'est point ainsi isolée.
Dans certains genres qui admettent le mélange des
mètres, les poëtes produisent un effet analogue en
rejetant un petit vers à la fin de la phrase. Nous par
lerons plus bas de ce moyen[1].

CONCLUSION.

Nous avons insisté sur ces effets de l'harmonie imitative pour montrer que notre versification, qu'on accuse d'être timide, monotone, et qu'on a essayé, dans
ces derniers temps, de dénaturer par des licences exa-
gérées, est, entre les mains des grands poëtes, hardie
et variée, sans sortir toutefois des limites du goût.

En français, comme dans les autres langues, la
poésie ne produit l'harmonie imitative qu'en s'éloi-
gnant de ses habitudes. Elle n'a pas coutume de s'im-
poser le choix de telles lettres, de telles consonnances,
de violer les règles de l'hiatus, de la césure ; de se
permettre l'enjambement : quand elle le fait, son intention est d'autant plus frappante. Semblable aux
autres arts, c'est par des procédés plus rares, c'est en

1. Page 114.

quelque sorte par des heurtements qu'elle ébranle
d'une manière plus énergique.

Toutefois il ne faut pas abuser de ces moyens :
une recherche inconsidérée de l'harmonie imitative
trahit l'affectation. Employés à propos, que les effets aient encore le mérite de ne rien présenter de
forcé. Nous avons cité dans ce chapitre plusieurs
exemples dignes d'éloge empruntés à Roucher ; mais
la lecture de son poëme fatigue, parce qu'on y voit
la perpétuelle contention d'un esprit qui court après
les effets. Le génie trouve les beautés ; le faux goût
les dénature en les outrant.

DEUXIÈME PARTIE.

CHAPITRE XIV.

Vers de différentes mesures. — Leurs règles; leur emploi.

§ 1. VERS ALEXANDRIN.

Nous avons exposé fort au long les règles du vers de *douze* syllabes; il nous reste à dire les genres auxquels il convient.

Le grand vers est consacré à l'épopée ou poëme épique, à la tragédie, à la comédie.

On l'emploie plus souvent que tout autre pour la satire, l'églogue, le poëme didactique, le discours en vers et l'ancien sonnet.

Il sert aussi pour les stances, l'épître morale, l'élégie, l'épigramme.

Tous les autres vers dont nous allons parler sont soumis aux règles générales de la rime, de l'hiatus, de la succession des rimes. Nous ajouterons les observations particulières qui les concernent.

§ 2. VERS DE DIX SYLLABES.

Le vers de *dix* syllabes est aussi nommé *decasyllabe*, *pentamètre*, ou de cinq pieds.

CÉSURE. — Ainsi que nous l'avons dit, ce vers a

7

une césure obligée après la quatrième syllabe ou le
second pied :

> Que du Seigneur | la voix se fasse entendre....
> J'ai vu l'impie | adoré sur la terre. RAC.

Toutes les règles que nous avons données pour la
césure du vers de douze, syllabes, sont applicables à
celui de dix.

La césure est insuffisante dans les vers suivants :

> Les forêts *sont* des grands princes aimées. MAROT.
> Pour être à *tous* les humains épandue....
> Que tout *autour* de moi tu viens étendre. ID.

ENJAMBEMENT. — Le vers de cinq pieds est celui
que Marot a employé le plus souvent. Ce poëte a consacré l'enjambement de deux pieds, ou le rejet de
quatre syllabes :

> D'autant que plus plaisent les blanches roses,
> *Que l'aubepin*, plus j'aimais à sonner
> *De la musette*, et la fis résonner, etc.

Cet enjambement est non-seulement une des licences, mais un des agréments du style *marotique* :

> Auprès des rois il est de pareils fous :
> A vos dépens ils font rire le maître;
> Pour réprimer leur babil, irez-vous
> *Les maltraiter?* Vous n'êtes pas peut-être
> *Assez puissant.* Il faut les engager
> A s'adresser à qui peut se venger: LA FONT.
> J'ai peu loué. J'eusse mieux fait encore
> *De louer moins.* Non que pincer sans rire
> *Soit de mon goût :* je tiens qu'en fait d'écrire,
> Le meilleur est de rire sans pincer. ROUSS.

Voltaire a manié ce style avec agrément, et a su en
eproduire les allures :

Quelle est plus loin cette autre déité?..
Mais dont l'air noble et la sérénité
Me plaît assez. Je vois à son côté
Un sceptre d'or, une sphère, une épée,
Une balance. Elle tient dans sa main
Des manuscrits dont elle est occupée.
Tout l'ornement qui pare son blanc sein
Est une égide.

Mais il ne faut pas prodiguer cet enjambement :
s'il se présentait trop souvent, il deviendrait fastidieux.

Remarque. Excepté ce cas, tous les autres enjambe-
ments, qui seraient condamnés dans le vers alexandrin, devront l'être dans celui de dix syllabes.

ACCENTS. — Comme le vers alexandrin, le vers de
dix syllabes a deux accents principaux, celui de la
césure et celui de la rime.

Il a de plus un accent mobile, qui se place dans la
seconde partie, sur la sixième, la septième ou la huitième syllabe [1] :

J'ai vu l'impie ado*ré* sur la terre. RAC.
Ma vie à peine a commen*cé* d'éclore....
Et nous portons la *peine* de leurs crimes. ID.

La première partie du vers a quelquefois deux accents, mais plus souvent un seul.

---

1. La seconde partie de ce vers étant exactement un hémistiche de l'alexandrin, ce qui a été dit sur les accents de ce
dernier est applicable ici. Voyez ci-dessus, p. 76 et suiv.

Sa nature, son emploi. — Le vers de dix syllabes
n'offre pas les mêmes ressources que le vers alexandrin pour les coupes, les suspensions, en général les
effets qui tiennent au rhythme; mais il est sauvé de la
monotonie par l'inégalité de ses deux hémistiches.
Moins majestueux que le vers de douze syllabes, il a sur
lui l'avantage d'un mouvement plus vif et plus pressé
dans le passage d'un vers à l'autre, et par là il semble mieux convenir à la poésie familière et légère[1].

On peut l'employer dans les épîtres, les contes, les
ballades, les rondeaux, les élégies, les épigrammes, les
stances, les odes, les chansons, les satires et les son-
nets.

Quelques poëmes didactiques du dix-huitième
siècle sont écrits en cette mesure.

Voltaire en a aussi fait usage dans plusieurs co-
médies.

§ 3. VERS DE NEUF SYLLABES.

Le vers de *neuf* syllabes est peu usité, quoiqu'il
ne manque pas d'harmonie.

Il a une césure obligée après la troisième syllabe:

> Belle Iris, | malgré votre courroux,
> Si jamais vous revenez à vous,
> Vous rirez; et j'engage ma foi
> Qu'aussitôt vous reviendrez à moi. Charleval.

On ne se doute guère que Racine ait fait des vers
de neuf syllabes. On en trouve cependant quelques-
uns dans son *Idylle sur la Paix :*

> De ces lieux | l'éclat et les attraits,
> Ces fleurs odorantes,

1. Marmontel.

Ces eaux bondissantes,
Ces ombrages frais,
Sont des dons | de ses mains bienfaisantes.
De ces lieux | l'éclat et les attraits
Sont les fruits de ses bienfaits.

Enfin on lit les vers suivants dans Voltaire :

Des destins la chaîne redoutable
Nous entraîne à d'éternels malheurs ;
Mais l'espoir, à jamais secourable,
De ses mains viendra sécher nos pleurs.

Dans nos maux il sera des délices ;
Nous aurons de charmantes erreurs ;
Nous serons au bord des précipices,
Mais l'Amour les couvrira de fleurs.

§ 4. VERS DE HUIT SYLLABES.

Le vers de *huit* syllabes, qu'on nomme quelquefois vers de quatre pieds, et tous ceux qui en ont un nombre moindre, ne sont pas soumis à la règle de la césure.

Il est un de nos plus anciens mètres ; on le trouve dans la plupart des vieux romans, contes et fabliaux.

Il se prête à tous les tons : il sert à l'épître (sérieuse ou badine), à la poésie descriptive, à l'ode, aux stances, à l'élégie, au conte, à la chanson, à l'épigramme, au rondeau. Il semble moins convenir à la ballade et au sonnet.

Dans les genres qui n'ont pas de repos exigés après un certain nombre de vers, comme ils le sont dans les stances, les odes et les chansons, le vers de huit syl-

labes peut se construire en périodes longues et pleines
de nombre.

On en jugera par cet exemple de Bernis :

> J'espérais que l'affreux Borée
> Respecterait nos jeunes fleurs,
> Et que l'haleine tempérée
> Du dieu qui prévient les chaleurs
> Rendrait à la terre éplorée
> Et ses parfums et ses couleurs;
> Mais les nymphes et leurs compagnes
> Cherchent les abris des buissons;
> L'hiver, descendu des montagnes,
> Souffle de nouveau ses glaçons,
> Et ravage dans les campagnes
> Les prémices de nos moissons.
> Rentrons dans notre solitude,
> Puisque l'aquilon déchaîné
> Menace Zéphyre étonné
> D'une nouvelle servitude;
> Rentrons, et qu'une douce étude
> Déride mon front sérieux.
> Vous, mes Pénates, vous mes dieux,
> Écartez ce qu'elle a de rude,
> Et que les vents séditieux
> N'emportent que l'inquiétude,
> Et laissent la paix en ces lieux.

Gresset surtout possède l'art de soutenir d'une
manière harmonieuse et variée une phrase qui a de
l'étendue :

> Des mortels j'ai vu les chimères :
> Sur leurs fortunes mensongères
> J'ai vu régner la folle erreur;

J'ai vu mille peines cruelles
Sous un vain masque de bonheur,
Mille petitesses réelles
Sous une écorce de grandeur,
Mille lâchetés infidèles
Sous un coloris de candeur;
Et j'ai dit au fond de mon cœur :
Heureux qui, dans la paix secrète
D'une libre et sûre retraite,
Vit ignoré, content de peu,
Et qui ne se voit point sans cesse
Jouet de l'aveugle déesse,
Ou dupe de l'aveugle dieu !

§ 5. VERS DE SEPT SYLLABES.

Le vers de *sept* syllabes se nomme aussi vers de
trois pieds et demi. Ses attributions sont à peu près
les mêmes que celles du précédent. Il convient surtout à l'épître familière, au conte, à l'ode, à la
chanson.

La Fontaine a fait plusieurs fables en vers de sept
syllabes. Voici le commencement de celle qui a pour
titre, *Jupiter et le Tonnerre* :

Jupiter, voyant nos fautes,
Dit un jour du haut des airs :
« Remplissons de nouveaux hôtes
Les cantons de l'univers
Habités par cette race
Qui m'importune et me lasse.
Va-t'en, Mercure, aux enfers;
Amène-moi la Furie
La plus cruelle des trois.

Race que j'ai trop chérie,
Tu périras.cette fois. »
. Jupiter ne tarda guère
A modérer son transport.
O vous, rois, qu'il voulut faire
Arbitres de notre sort,
Laissez, entre la colère
Et l'orage qui la suit,
L'intervalle d'une nuit.

Chaulieu a su mettre dans ce vers, comme dans celui de quatre pieds, l'élégance et l'harmonie :

Mais où suis-je? quelle ivresse
Hors de moi m'a transporté?
Quel bruit! quel cri d'allégresse,
Sur l'aile des vents porté,
Vient de frapper mon oreille?
Je vois du port de Marseille
Tout le pompeux appareil,
Et nos galères parées
Faire briller au soleil
Leurs magnifiques livrées.
J'entends ces reines des mers
Des cris de mille coupables
Et de ces voix misérables
Former de charmants concerts.
Je le vois; sur sa galère
Ce général ¹ est monté :
Déjà son humanité
Dans le sein de la misère
Fait renaître la gaîté.
Ce demi-dieu secourable

1. Le duc de Vendôme.

Vient, dans un séjour affreux,
D'un arrêt irrévocable
Consoler les malheureux,
Sùrs que son cœur pitoyable
De leurs maux se touchera,
Et que, sensible à leurs peines,
Ne pouvant briser leurs chaînes,
Sa main les relâchera.

§ 6. VERS DE SIX SYLLABES.

Le vers de *six* syllabes, ou de trois pieds, se joint ordinairement à de plus grands vers.

Félicité passée
Qui ne peut revenir,
Tourment de ma pensée,
Que n'ai-je, en te perdant, perdu le souvenir? BERTAUT
Je tomberai comme une fleur
Qui n'a vu qu'une aurore.
Hélas! si jeune encore,
Par quel crime ai-je pu mériter mon malheur? RAC.

Dans les odes, on le voit fréquemment entremêlé avec de plus longs mètres :

Mais elle était du monde où les plus belles choses
Ont le pire destin;
Et, rose, elle a vécu ce que vivent les roses,
L'espace d'un matin. MALH.

On le trouve tout seul dans le genre lyrique :

Suivons partout ses pas [1] :
On ne peut la connaître

1. Les pas de la Vertu.

Sans aimer ses appas.
Le bonheur ne peut être
Où la Vertu n'est pas. QUINAULT.

La poésie légère, qui offre souvent le vers de sept syllabes et celui de cinq, n'emploie guère celui de six. La raison en est, je pense, que le vers de trois pieds forme un hémistiche de l'alexandrin, et trompe l'oreille par cette ressemblance.

§ 7. VERS DE CINQ SYLLABES.

Le vers de *cinq* syllabes, ou de deux pieds et demi, est, comme nous l'avons dit, plus usité que celui de trois pieds.

On le joint à des mètres plus longs, ou bien on l'emploie seul. Dans les deux cas, il est souvent destiné à la musique.

Dieu descend, et revient habiter parmi nous :
Terre, frémis d'allégresse et de crainte;
Et vous, sous sa majesté sainte,
Cieux, abaissez-vous ! RAC.

On le trouve fréquemment dans Quinault;

Chantons tour à tour
Dans ces lieux aimables,
Les dieux favorables
Y font leur séjour;
Les seuls traits d'Amour
Y sont redoutables.
Chantons tour à tour
Dans ces lieux aimables.

Rousseau l'a employé avec bonheur dans sa cantate de Circé :

Sa voix redoutable
Trouble les enfers;
Un bruit formidable
Gronde dans les airs;
Un voile effroyable
Couvre l'univers;
La terre tremblante
Frémit de terreur;
L'onde turbulente
Mugit de fureur;
La lune sanglante
Recule d'horreur...

On s'en sert aussi dans des pièces de longue haleine, particulièrement du genre descriptif.

Madame Deshoulières l'a choisi pour son idylle allégorique, que tout le monde connaît :

Dans ces prés fleuris
Qu'arrose la Seine,
Cherchez qui vous mène,
Mes chères brebis.
J'ai fait pour vous rendre
Le destin plus doux,
Ce qu'on peut attendre
D'une amitié tendre;
Mais son long courroux
Détruit, empoisonne
Tous mes soins pour vous,
Et vous abandonne
Aux fureurs des loups.
Seriez-vous leur proie,
Aimable troupeau,
Vous de ce hameau
L'honneur et la joie? etc.

§ 8. VERS DE QUATRE SYLLABES.

A mesure que nous avançons, les mètres vont devenir d'un usage de plus en plus rare.

Le vers de quatre syllabes, ou de deux pieds, s'emploie tantôt seul, et tantôt se mélange avec de plus grands vers. Il convient au genre lyrique et au genre familier :

> Rompez vos fers,
> Tribus captives;
> Troupes fugitives,
> Repassez les monts et·les mers. RAC.

La Fontaine, qui a employé toutes les mesures, offre quelques vers de deux pieds :

> Quant la perdrix
> Voit ses petits
> En danger, et n'ayant qu'une plume nouvelle.

La pièce de Bernard intitulée *Le hameau* est en vers de quatre syllabes :

> Rien n'est si beau
> Que mon hameau.
> O quelle image!
> Quel paysage
> Fait pour Watteau [1]
> Mon ermitage
> Est un berceau
> Dont le treillage
> Couvre un caveau.
> Au voisinage,
> C'est un ormeau,
> Dont le feuillage

Célèbre peintre paysagiste.

Prête un ombrage
A mon·troupeau ;
C'est un ruisseau
Dont l'onde pure
Peint sa bordure
D'un vert nouveau.

§ 9. VERS DE TROIS SYLLABES.

On le trouve d'ordinaire mélangé à de plus grands vers :

. La·cigale ayant chanté
      Tout l'été. LA· FONT.
Même il m'est arrivé quelquefois de manger
      Le berger. ID.

Ce mètre se trouve très-rarement employé seul. On va le voir dans une petite pièce adressée par Bertaut à maître Adam :

Maître Adam,	Des garçons
A ton dam ¹	Sans façons,
Si bientôt	Qui des vers
De Bertaut	De Nevers ²
Tu ne vois	Aiment bien
Le minois.	L'entretien.
Le prix fait	Le rabot
D'un buffet	N'est qu'un sot
Ne vaut pas	Près d'un vin
Un repas	Tout divin.
Tel qu'ici	Laisse là
Sans souci	Tout cela ;
Tu l'auras,	Hâte-toi,
Et verras	Et crois-moi.

(1) Ce sera à ton préjudice, tu perdras.
(2) C'est-à-dire les vers de maître Adam, qui était de Nevers.

Maître Adam a fait lui-même une pièce de cette mesure, laquelle a plus de cent vers.

§ 10. VERS DE DEUX SYLLABES.

Ce vers, plus rare encore que les précédents, s'entremêle avec de plus grands mètres.:

> Nous pouvons nous rendre sans bruit
> Au pied de ce château dès la petite pointe
> Du jour.
> La surprise à l'ombre étant jointe,
> Nous rendra sans hasard maîtres de ce séjour. LA FONT.
> Que les champs libres on leur laisse
> Un peu,
> Je gage
> Qu'on verra, s'ils sortent de cage,
> Beau jeu. ID.

On le trouve quelquefois seul dans des couplets :

> J'aimai
> Fatmé;
> Zulma
> M'aima ;
> Mais j'ai
> Changé
> Vingt fois
> De lois. SERVIÈRE.

§ 11. VERS D'UNE SYLLABE.

Le vers d'une syllabe ou monosyllabe ne se trouve guère qu'entremêlé avec de plus grands mètres, dans des chansons badines. Marmontel cite ces vers :

> Quand il est venu,
> Comme un enfant inconnu,
> Nu...

Mon crédule cœur
N'a point de ce dieu trompeur.
Peur...
Depuis ce jour-là
Ce feu caché me brûla
Là.

On est étonné de l'aisance avec laquelle Panard
place des vers monosyllabes :

Et l'on voit des commis
Mis
Comme des princes,
Qui jadis sont venus
Nus
De leurs provinces.

CHAPITRE XV.

Du mélange de différents mètres. — Vers libres.

On peut mélanger des vers de mesure inégale
tantôt symétriquement, comme dans les stances et
les strophes, dont nous parlerons plus loin, tantôt
sans cadre régulier.

On appelle *vers libres*, *poésie libre*, des vers dans
lesquels le poëte entremêle à son gré différentes mesures, sous la condition expresse de produire un ensemble bien cadencé. Racine, Quinault, Rousseau,
dans la poésie noble ; la Fontaine, Chaulieu, Voltaire, dans le genre familier, ont particulièrement
eu l'entente de ce genre de versification.

Comme modèle le plus parfait de vers libres, nous

riterons les chœurs d'*Esther* et d'*Athalie*. Il suffira
d'en transcrire un fragment.

> J'ai vu l'impie adoré sur la terre :
> Pareil au cèdre, il cachait dans les cieux
>   Son front audacieux :
> Il semblait à son gré gouverner le tonnerre,
>   Foulait aux pieds ses ennemis vaincus :
> Je n'ai fait que passer, il n'était déjà plus. Rac.

Les opéras de Quinault sont en vers libres. Ils offrent beaucoup de morceaux pleins de douceur ou
d'élévation. Voici de ce poëte une tirade admirée par
Voltaire. C'est Médée qui parle :

> Sortez, ombres, sortez de la nuit éternelle;
>   Voyez le jour pour le troubler;
> Que l'affreux Désespoir, que la Rage cruelle
>   Prennent soin de vous rassembler.
>   Avancez, malheureux coupables,
>   Soyez aujourd'hui déchaînés;
> Goûtez l'unique bien des cœurs infortunés,
>   Ne soyez pas seuls misérables.
> Ma rivale m'expose à des maux effroyables :
> Qu'elle ait part aux tourments qui vous sont destinés.
>   Non, les enfers impitoyables
> Ne pourront inventer des horreurs comparables
>   Aux tourments qu'elle m'a donnés.
> Goûtons l'unique bien des cœurs infortunés,
>   Ne soyons pas seuls misérables.

Rousseau, dans ses Cantates, a employé avec succès le système des vers libres. Voici le début de la
Cantate de *Circé* :

> Sur un rocher désert, l'effroi de la nature,
> Dont l'aride sommet semble toucher les cieux,

Circé, pâle, interdite, et la mort dans les yeux,
    Pleurait sa funeste aventure.
Là ses yeux, errant sur les flots,
D'Ulysse fugitif semblaient suivre la trace.
Elle croit voir encor son volage héros ;
Et, cette illusion soulageant sa disgrâce,
    Elle le rappelle en ces mots,
Qu'interrompent cent fois ses pleurs et ses sanglots.

Les fables de la Fontaine sont un modèle de vers libres dans le genre familier.

OBSERVATIONS. — Dans les vers libres, les rimes sont *croisées*, quelquefois *redoublées*.

Il y a entre les différents mètres des concordances et des discordances naturelles, que l'oreille apprécie.

Les vers qui s'entremêlent avec le plus de grâce sont les vers de *douze* syllabes et de *huit*, les vers de *douze* et de *six*.

La cadence des vers de *sept* brise celle des vers de *huit*, et n'est point analogue à l'harmonie du vers de *douze :* les vers de *sept* ont une marche sautillante qui leur est propre, et ils veulent être isolés.

En général, deux mètres dont l'un a une syllabe de plus ou de moins que l'autre ne peuvent être placés à la suite. Le plus court semble boiter désagréablement.

Le vers de *dix* syllabes se mêle quelquefois au vers de *douze*, mais en laissant une mesure vide, ce qui est pénible à l'oreille, et ce mélange ne doit jamais avoir lieu dans la stance.

Le vers de *dix* syllabes ne s'allie pas volontiers avec celui de *huit*.

Racine a entremêlé d'une manière peu harmo-

8

nieuse des vers de *sept* syllabes avec des vers de *huit* :

> Où sont les traits que tu lances,
> Grand Dieu, dans ton juste courroux ?
> N'es-tu plus le Dieu jaloux ?
> N'es-tu plus le Dieu des vengeances ?

Harmonie imitative. — On peut, par un habile mélange de différents mètres, produire l'harmonie imitative.

La Harpe loue ce mérite dans le passage suivant, de Racine :

> Dieu, descends, et reviens habiter parmi nous.
> Terre, frémis d'allégresse et de crainte ;
> Et vous, sous sa majesté sainte,
> Cieux, abaissez-vous.

« Sans parler, dit-il, de toutes les autres sortes de beautés, remarquons au moins quelque chose de l'artifice de la phrase harmonique, qui va sans cesse en décroissant, du premier vers, qui est de *six* pieds, au second, qui est de *cinq*, au troisième, qui est de *quatre*, au dernier enfin, qui est de *deux pieds et demi*, celui où *les cieux s'abaissent*, sans que jamais l'oreille sente ni saccade, ni secousse, tant le rhythme est ménagé pour l'effet, et tant l'effet est sensible. Il ne fallait rien moins que ces conditions pour que ces quatres mètres différents fussent entremêlés un à un sans être désagréables. »

> J'ai vu l'impie adoré sur la terre :
> Pareil au cèdre, il cachait dans les cieux
> *Son front audacieux.* Rac.

Ce dernier vers fait image.

La Fontaine, qui avait fait une étude approfondie
de tous les secrets de la versification, a connu aussi
ce moyen de frapper plus fortement l'esprit en rejetant un petit vers :

C'est promettre beaucoup ; mais qu'en sort-il souvent ?
            Du vent...
L'homme au trésor arrive, et trouve son argent
            Absent.

La Harpe fait remarquer le même artifice dans ce
passage de Rousseau :

Lachésis apprendrait à devenir sensible,
Et le double ciseau de sa sœur inflexible
        Tomberait devant moi.

« Quel tableau du moment où les divinités de l'enfer s'attendrissent ! Quel heureux accord de l'image
qu'ils expriment avec le mouvement de la phrase ! Et
comme elle tombe d'une manière admirable par ce
vers pittoresque : *Tomberait devant moi !* On voit
tomber le ciseau. »

CHAPITRE XVI.
Des Stances, des Strophes.

Stance vient d'un mot italien qui signifie repos.
D'après son étymologie, la *stance* est donc une suite
de vers formant un sens complet.

On donne en particulier le nom de *stances* à une
pièce de poésie composée d'un certain nombre de
stances.

Les stances sont *irrégulières* ou *régulières*. Les

premières reçoivent plus ou moins de vers ayant des
mesures différentes et les rimes diversement entre-
mêlées. Elles rentrent dans les *vers libres;* nous
n'avons pas à nous en occuper.

Les stances *régulières* présentent un nombre déterminé de vers, et assujettis, pour le mètre et pour le
mélange des rimes, à une règle qui s'observe dans
toute la pièce.

Dans l'ode les *stances* se nomment *strophes,* et *couplets* dans la chanson.

Dans les pièces de poésie intitulées *stances,* chaque stance n'a ordinairement que quatre, cinq ou
six vers.

Nous ne nous servirons que du mot *stance,* qui est
le plus général. Il sera bien entendu que, s'il s'agit
d'une ode, stance sera synonyme de *strophe.*

Une stance s'appelle *quatrain,* si elle a quatre vers;
sixain, si elle en a six[1]; *huitain* ou *octave,* si elle en
a huit; *dixain* ou *dizain,* si elle en a dix.

Les stances peuvent employer un mètre unique,
ou combiner ensemble différentes mesures.

Nous appellerons *isomètres*[2] les stances qui n'au-
ront qu'un seul genre de vers

Les mesures qui se trouvent le plus souvent réunies
dans les stances sont l'alexandrin mélangé avec le
vers de huit syllabes ou avec celui de six.

RÈGLES GÉNÉRALES.

1° Le sens doit être complet à la fin de chaque stance.

---

1. Quelques auteurs appellent *quintil* une stance de cinq vers.
2. *Isomètre,* mot grec qui signifie d'égale mesure.

2° Une stance ne doit pas se terminer par une rime de même nature que celle qui commence la stance suivante; ou, ce qui revient presque toujours au même, une stance ne doit pas commencer et finir par des rimes de même nature[1].

3° Comme les stances se terminent ordinairement par une rime *masculine*, elles commencent par une rime *féminine*.

4° Elles ont nécessairement les rimes *croisées*. Quelquefois deux rimes *plates* sont mêlées à des rimes *croisées*.

5° Si une stance n'est pas *isomètre*, on n'y emploie généralement que deux mesures différentes.

6° Il faut éviter que la rime qui termine une stance offre une consonnance à peu près semblable à la rime du vers suivant; comme si une stance finissait par le mot *imprévu*, et que la suivante commençât par le mot *vue*.

Les stances, depuis celles de quatre vers jusqu'à celles de dix, peuvent être très-variées et par le mélange des rimes et par les différents mètres qu'elles reçoivent. On peut même dire qu'il n'y a pas de bornes, sous ces deux rapports, à la liberté du poëte, pourvu toutefois que les règles générales soient respectées. Malherbe et Rousseau ont sans doute employé les combinaisons les plus harmonieuses ; mais ils ne les ont pas toutes épuisées. C'est l'oreille qu'il faut consulter dans les essais de ce genre.

---

1. Il faut cependant excepter le cas où la rime change de nature au commencement de chaque stance, comme on le verra dans un modèle de quatrain.

§ 1. TERCETS.

Malgré quelques tentatives faites au seizième siècle
pour introduire dans notre poésie des stances, proprement dites, composées de trois vers, le tercet n'a
point été adopté par l'usage.

Mais si le tercet ne forme pas individuellement un
modèle de stances, il est assez fréquent dans le genre
lyrique[1].

Nous le voyons dans l'*Esther* de Racine :

TOUT LE CHŒUR.

Le Dieu que nous servons est le Dieu des combats ·
   Non, il ne souffrira pas
   Qu'on égorge ainsi l'innocence.

UNE ISRAÉLITE, *seule.*

   Eh quoi! dirait l'impiété,
   Où donc est-il ce Dieu si redouté,
   Dont Israël nous vantait la puissance

Et dans une cantate de Rousseau :

   Quel bonheur ! quelle victoire !
   Quel triomphe ! quelle gloire !
   Les Amours sont désarmés.

   Jeunes cœurs, rompez vos chaînes :
   Cessons de craindre les peines
   Dont nous sommes alarmés.

§ 2. STANCE DE QUATRE VERS.

Dans cette stance, comme dans toutes les autres,

---

1. Nous le verrons plus loin admis dans la stance de six
vers et dans celle de dix.

on peut n'employer que des vers de même mesure.
Nous commencerons toujours par les types qui seront
isomètres.

1er *modèle.*

Les vers de sept syllabes, de huit, de dix et de
douze, servent fréquemment à cette stance :

> Ruisseau peu connu, dont l'eau coule
> Dans un lieu sauvage et couvert,
> Oui, comme toi, je crains la foule,
> Comme toi, j'aime le désert.
> Ruisseau, sur ma peine passée
> Fais rouler l'oubli des douleurs,
> Et ne laisse dans ma pensée
> Que ta paix, tes flots et tes fleurs. Ducis.

Telle autour d'Ilion la mort livide et blême
Moissonnait les guerriers de Phrygie et d'Argos,
Dans ces combats affreux où le dieu Mars lui-même
De son sang immortel vit bouillonner les flots.

D'un bruit pareil au bruit d'une armée invincible
Qui s'avance au signal d'un combat furieux,
Il ébranla du ciel la voûte inaccessible,
Et vint porter sa plainte au monarque des dieux. Rouss.

2e *modèle.*

Dans les stances précédentes, les consonnances
masculines et féminines se succèdent alternativement.
On peut aussi mettre au deuxième et au troisième vers
des rimes de même nature : dans ce cas, si une
stance commence par une rime masculine, la suivante
commencera par une rime féminine, et ainsi de suite.

Quel plaisir de voir les troupeaux,
Quand le midi brûle l'herbette,
Rangés autour de la houlette,
Chercher le frais sous les ormeaux !

Puis, sur le soir, à nos musettes
Ouïr répondre les coteaux,
Et retentir tous nos hameaux
Du hautbois et des chansonnettes! CHAULIEU.

Vous qui parcourez cette plaine,
Ruisseaux, coulez plus lentement;
Oiseaux, chantez plus doucement;
Zéphyrs, retenez votre haleine.

Respectez un jeune chasseur
Las d'une course violente,
Et du doux repos qui l'enchante
Laissez-lui goûter la douceur. ROUSS.

3e modèle.

Vers alexandrins et vers de huit syllabes :

Trop heureux qui du champ par son père laissé
Peut parcourir au loin les limites antiques,
Sans redouter les cris de l'orphelin chassé
    Du sein de ses dieux domestiques! ROUSS.

4e modèle.

Guide notre âme dans ta route;
Rends notre corps docile à ta divine loi;
Remplis-nous d'un espoir que n'ébranle aucun doute,
Et que jamais l'erreur n'altère notre foi. RACINE.

5e modèle.

Peuples, élevez vos concerts;
Poussez des cris de joie et des chants de victoire :

Voici le roi de l'univers
Qui vient faire éclater sa puissance et sa gloire. Rouss.

6e modèle.

Où courez-vous, cruels! Quel démon parricide
  Arme vos sacriléges bras?
Pour qui destinez-vous l'appareil homicide
  De tant d'armes et de soldats? Rouss.

7e modèle.

Vers alexandrins et vers de six syllabes. Voici les
deux types principaux :

Les troupeaux ont quitté leurs cabanes rustiques;
Le laboureur commence à lever ses guérets;
Les arbres vont bientôt de leurs têtes antiques
  Ombrager les forêts. Rouss.

8e modèle.

Mais elle était du monde où les plus belles choses
  Ont le pire destin;
Et, rose, elle a vécu ce que vivent les roses,
  L'espace d'un matin. Malh.

§ 3. STANCE DE CINQ VERS.

Dans la stance de cinq vers l'une des deux rimes
est triple, tandis que l'autre n'est que double. Dans
toute stance qui a un nombre impair de vers, il faut
ainsi trois rimes semblables; mais on ne les place
jamais consécutivement.

1ᵉʳ *modèle.*

Du poëte de Sicile [1]
Qu'est devenu le hautbois,
La flûte et la douce voix
Dont Moschus dans une idylle
Chantait les prés et les bois? CHAULIEU.

2ᵉ *modèle.*

Le volage amant de Clytie [2]
Ne caresse plus nos climats,
Et bientôt des monts de Scythie
Le fougueux époux d'Orithye
Va nous ramener les frimas. ROUSS.

3ᵉ *modèle.*

Vers alexandrins et vers de huit syllabes :

Comment tant de grandeur s'est-elle évanouie?
Qu'est devenu l'éclat de ce vaste appareil?
Quoi! leur clarté s'éteint aux clartés du soleil!
Dans un sommeil profond ils ont passé leur vie,
    Et la mort a fait leur réveil. ROUSS.

4ᵉ *modèle.*

Vers alexandrins et vers de six syllabes :

Que d'un rang usurpé tombe enfin dans la poudre
Tout mortel insolent d'un bonheur odieux :

(1) Théocrite.
(2) Phébus. — *L'époux d'Orithye,* Borée.

Il est un jour vengeur, un jour qui vient absoudre
        Des lenteurs de la foudre
    La justice des dieux. LE BRUN [1].

§ 4. STANCE DE SIX VERS.

La stance de six vers, qu'on nomme sixain, est celle que nos poëtes ont le plus souvent employée. Elle a beaucoup d'harmonie et admet de nombreuses combinaisons. Voici sa coupe la plus ordinaire : elle prend un repos après le troisième vers, en sorte qu'elle est partagée en deux tercets ; le premier vers rime avec le second, le quatrième avec le cinquième, et le troisième avec le sixième. Plus rarement on la divise en un quatrain et un *distique* (réunion de deux vers).

1er *modèle*.

Tircis, il faut penser à faire la retraite :
La course de nos jours est plus qu'à demi faite ;
L'âge insensiblement nous conduit à la mort ;
Nous avons assez vu, sur la mer de ce monde,
Errer au gré des flots notre nef vagabonde :
Il est temps de jouir des délices du port. RACAN.

La stance composée de six alexandrins était fort usitée à la fin du seizième siècle et dans le dix-septième.

Il y a des sixains en vers de dix syllabes, de huit, de sept, etc.

(1) M. de Lamartine a employé cette stance, qui est très-gracieuse :
    Mais ton cœur endurci doute et murmure encore :
    Ce jour ne suffit pas à tes yeux révoltés ;
    Et, dans la nuit des sens, tu voudrais voir éclore
        De l'éternelle aurore
        Les célestes clartés.

Si je ne loge en ces maisons dorées
Au front superbe, aux voûtes peinturées
D'azur, d'émail et de mille couleurs :
Mon œil se plaît aux trésors de la plaine
Riche d'œillets, de lis, de marjolaine,
Et du beau teint des printanières fleurs. Despoates.

   Les lois de la mort sont fatales
   Aussi bien aux maisons royales
   Qu'aux taudis couverts de roseaux,
   Tous nos jours sont sujets aux Parques.;
   Ceux des bergers et des monarques
   Sont coupés des mêmes ciseaux. Racan.

2ᵉ modèle.

Vers alexandrins et vers de huit syllabes. Voici les principales combinaisons :

Le temps fuit, dites-vous; c'est lui qui nous convie
A saisir promptement les douceurs de la vie;
L'avenir est douteux, le présent est certain ;
Dans la rapidité d'une course bornée,
Sommes-nous assez sûrs de notre destinée,
   Pour la remettre au lendemain ? Rouss.

3ᵉ modèle.

Seigneur, dans ta gloire adorable
Quel mortel est digne d'entrer ?
Qui pourra, grand Dieu, pénétrer
Ce sanctuaire impénétrable [1],
Où tes saints inclinés, d'un œil respectueux,
Contemplent de ton front l'éclat majestueux ? Rouss.

_____

(1) On voit ici le repos après le quatrième vers.

4° *modèle.*

Vers alexandrins et vers de six syllabes :

Voilà quel fut celui qui t'adresse sa plainte :
Victime abandonnée à l'envieuse feinte,
De sa seule innocence il fut accompagné ;
Toujours persécuté, mais toujours calme et ferme.
Et, surchargé de jours, n'aspirant plus qu'au terme
    A leur nombre assigné. Rouss.

5° *modèle.*

A l'aspect des vaisseaux que vomit le Bosphore,
Sous un nouveau Xerxès Téthys croit voir encore
Au travers de ses flots promener les forêts;
Et le nombreux amas de lances hérissées,
    Contre le ciel dressées,
Égale les épis qui dorent nos guérets. Rouss.

6° *modèle.*

Je n'irais point, des dieux profanant la retraite,
Dérober au destin, téméraire interprète,
    Ses augustes secrets ;
Je n'irais point chercher une amante ravie,
Et, la lyre à la main, redemander sa vie
    Au gendre de Cérès. Rouss.

7° *modèle.*

L'ambition guidait vos escadrons rapides ;
Vous dévoriez déjà, dans vos courses avides,
Toutes les régions qu'éclaire le soleil :
Mais le Seigneur se lève, il parle, et sa menace

Convertit votre audace
En un morne sommeil. Rouss.

§ 5. STANCE DE SEPT VERS.

La stance de sept vers est composée d'un quatrain
et d'un tercet ; une des rimes du premier passe dans
le second. Quelquefois le tercet précède le quatrain.

1er *modèle.*

C'est ainsi que du jeune Atride
On vit l'éloquente douleur
Intéresser dans son malheur
Les Grecs assemblés en Aulide,
Et d'une noble ambition
Armer leur colère intrépide
Pour la conquête d'Ilion. Rouss.

2e *modèle.*

Suspends tes flots, heureuse Loire,
Dans ce vallon délicieux :
Quels bords t'offriront plus de gloire
Et des coteaux plus gracieux ?
Pactole, Méandre, Pénée,
Jamais votre onde fortunée
Ne coula sous de plus beaux cieux. Gresset.

3e *modèle.*

Vers de huit syllabes et vers alexandrins :

Ainsi que la vague rapide
D'un torrent qui coule à grand bruit
Se dissipe et s'évanouit

Dans le sein de la terre humide;
Ou comme l'airain enflammé
Fait fondre la cire fluide
Qui bouillonne à l'aspect du brasier allumé. Rouss.

4ᵉ modèle.

Paraissez, roi des rois ; venez, juge suprême,
Faire éclater votre courroux
Contre l'orgueil et le blasphème
De l'impie armé contre vous.
Le Dieu de l'univers est le Dieu des vengeances.
Le pouvoir et le droit de punir les offenses
N'appartient qu'à ce Dieu jaloux. Rouss.

5ᵉ modèle.

Alexandrins et vers de six syllabes :

La terre ne sait pas la loi qui la féconde;
L'Océan, refoulé sous mon bras tout-puissant,
Sait-il comment, au gré du nocturne croissant,
De sa prison féconde
La mer vomit son onde,
Et des bords qu'elle inonde
Recule en mugissant ? De Lamartine.

Remarque. La stance de sept vers est plus ordinairement isomètre.

§ 6. STANCE DE HUIT VERS.

Cette stance est composée de deux quatrains.

Par les ravages du tonnerre
Nous verrions les champs moissonnés,
Et des entrailles de la terre

Les plus hauts monts déracinés ;
Nos yeux verraient leur masse aride,
Transportée au milieu des airs,
Tomber d'une chute rapide
Dans le vaste gouffre des mers. Rouss.

La stance de huit vers isomètres était fort en usage au seizième siècle, surtout en vers de huit syllabes. Aujourd'hui on ne l'emploie guère que pour les couplets de chansons.

Quelquefois on la composait entièrement d'alexandrins ; mais, en général, les stances isomètres en vers de douze syllabes ne doivent pas dépasser six vers.

§ 7. STANCE DE NEUF VERS.

Cette stance se divise ordinairement en un quatrain, un tercet et un distique.

1er modèle.

Dans ces jours destinés aux larmes,
Où mes ennemis en fureur
Aiguisaient contre moi les armes
De l'imposture et de l'erreur ;
Lorsqu'une coupable licence
Empoisonnait mon innocence,
Le Seigneur fut mon seul recours :
J'implorai sa toute-puissance [1],
Et sa main vint à mon secours. Rouss.

_____

(1) Cette stance est une stance de dix syllabes écourtée. Il manque ici une rime en _ance :_ à cela près, c'est la même coupe et la même harmonie.

2ᵉ modèle.

A vous [1], l'Anacréon du temple,
A vous, le sage si vanté,
Qui nous prêchez la volupté
Par vos vers et par votre exemple;
Vous dont le luth délicieux,
Quand la goutte au lit vous condamne,
Rend des sons aussi gracieux
Que quand vous chantez la tocane [2],
Assis à la table des dieux ! VOLT.

3ᵉ modèle.

Vers de huit syllabes et vers alexandrin :

Quand pourrai-je dire à l'impie :
Tremble, lâche, frémis d'effroi;
De ton Dieu la haine assoupie
Est prête à s'éveiller sur toi.
Dans ta criminelle carrière,
Tu ne mis jamais de barrière
Entre sa crainte et tes fureurs;
Puisse mon heureuse prière
D'un châtiment trop dû t'épargner les horreurs ! ROUSS.

§ 8. STANCE DE DIX VERS.

La stance de dix vers, ou le *dizain*, a un repos bien marqué après le quatrième vers, et un autre, plus faible, après le septième, en sorte qu'elle est partagée en un quatrain et en deux tercets.

La stance isomètre de dix vers de sept ou de huit

(1) A Chaulieu.
(2) Vin nouveau fait de la mère goutte.

syllabes est la plus familière à nos odes et la plus
majestueuse.

1er *modèle.*

J'ai vu mes tristes journées
Décliner vers leur penchant :
Au midi de mes années
Je touchais à mon couchant.
La Mort, déployant ses ailes,
Couvrait d'ombres éternelles
La clarté dont je jouis ;
Et, dans cette nuit funeste,
Je cherchais en vain le reste
De mes jours évanouis. Rouss.

Fortune dont la main couronne
Ces forfaits les plus inouïs,
Du faux éclat qui t'environne
Serons-nous toujours éblouis ?
Jusques à quand, trompeuse idole,
D'un culte honteux et frivole
Honorerons-nous tes autels ?
Verra-t-on toujours tes caprices
Consacrés par les sacrifices
Et par l'hommage des mortels ? Id.

2e *modèle.*

Vers de huit syllabes et vers alexandrins :

Flambeau dont la clarté féconde
Fait vivre et mouvoir tous les corps ;
Qui, sans épuiser tes trésors,
Ne cesses d'enrichir le monde ;
Doux père des fruits et des fleurs,

Qui par tes fertiles chaleurs
Achèves leur vive peinture,
Éternel arbitre des jours,
Brillant époux de la nature,
Soleil, adore Dieu qui gouverne ton cours. GODEAU.

3e modèle.

Ils chantent l'effroyable foudre
Qui, d'un mouvement si soudain,
Partit de ta puissante main
Pour mettre Pignerol en poudre;
Ils disent que tes bataillons,
Comme autant d'épais tourbillons,
Ébranlèrent le roc jusques dans ses racines;
Que même le vaincu t'eût pour libérateur,
Et que tu lui bâtis sur ses propres ruines
Un rempart éternel contre l'usurpateur. CHAPELAIN.

4e modèle.

Vers alexandrins et vers de sept syllabes :

Lorsqu'en des tourbillons de flamme et de fumée,
Cent tonnerres d'airain, précédés des éclairs,
De leurs globes brûlants renversent une armée ;
Quand de guerriers mourants les sillons sont couverts
Tous ceux qu'épargne la foudre,
Voyant rouler dans la poudre
Leurs compagnons massacrés,
Sourds à la pitié timide,
Marchent d'un pas intrépide
Sur leurs membres déchirés. VOLT.

5e modèle.

Trois mètres sont mélangés d'une manière très-harmonieuse dans cette belle strophe de **Le Brun** .

Tel qu'aux cris de l'oiseau ministre du tonnerre,
Plus léger que les vents et plus prompt que l'éclair,
Un aigle, jeune encore, élancé de la terre,
    S'essaie à l'empire de l'air :
En vain d'oiseaux jaloux une foule rivale
Veut le suivre, l'atteindre et voler son égale;
Vainqueur il disparaît, et plane au haut des cieux :
Tel, au cri d'Apollon, soudain brûlant de gloire,
J'irais, j' irais saisir le prix de la victoire
    Loin des profanes yeux.

Remarque. Les repos que nous avons indiqués pour
la stance isomètre de sept ou de huit syllabes, et
que l'on voit dans presque tous les exemples précédents, sont de rigueur aujourd'hui. Racan, un des
élèves de Malherbe, passe pour l'avoir soumise
à cette règle. Son maître n'adopta pas la réforme,
et l'on continua encore dans ce siècle à partager la
stance de dix vers en deux quatrains suivis d'un
distique, ou en un quatrain, un distique et un quatrain, rhythmes moins variés et moins harmonieux :

Les Parques d'une même soie
Ne dévidèrent pas nos jours,
Ni toujours par semblable voie
Ne font les planètes leur cours.
Quoi que promette la Fortune,
A la fin, quand on l'importune,
Ce qu'elle avait fait prospérer
Tombe du faîte au précipice,
Et, pour l'avoir toujours propice,
Il la faut toujours révérer. MALH.

Du temps de Louis XIII et de Louis XIV, on partageait assez souvent la stance de dix vers en un sixain et un quatrain. Cette méthode, plus heureuse que celle qui joint un distique à deux quatrains, aurait pu être consacrée ; mais la méthode usitée est encore préférable.

Racine n'avait pas dans l'oreille la véritable harmonie de ces strophes : dans la même ode, il les coupe tantôt après le sixième vers, tantôt après le septième.

OBSERVATIONS GÉNÉRALES.

1° Nous aurions pu trouver dans les poëtes antérieurs au siècle de Louis XIV bien d'autres modèles de stances ; mais nous avons négligé toutes celles qui violaient la règle que nous avons donnée au commencement de ce chapitre, savoir que deux rimes de même nature ne doivent pas commencer et finir une stance. Cette règle, fondée sur un principe général, a été longtemps ignorée. Malherbe y a manqué dans les stances suivantes :

> Tel qu'au soir on voit le soleil
> Se jeter aux bras du Sommeil,
> Tel au matin il sort de l'onde.
> Les affaires de l'homme ont un autre destin :
> Après qu'il est parti du monde,
> La nuit qui lui survient n'a jamais de *matin*.

> Jupiter, ami des *mortels*,
> Ne rejette de tes autels, etc.

Cependant les couplets qui sont chantés sur une même mélodie doivent avoir tous au même vers des rimes de même nature, et dans ce cas l'on tolère que le poëte s'écarte du précepte général.

Racine a mis, dans un chœur d'*Esther* :

Rois, chassez la Calomnie :
Ses criminels attentats
Des plus paisibles États
Troublent l'heureuse *harmonie.*

Sa fureur, de sang *avide,*
Poursuit partout l'innocent.
Rois, prenez soin de l'absent
Contre sa langue homicide.

2º Nous avons dit que les stances doivent être en rimes croisées. Jusqu'à Malherbe, cette nécessité ne fut pas bien reconnue.

Ce petit enfant Amour
Cueillait des fleurs à l'entour
D'une ruche où les avettes [1]
Font leurs petites logettes. RONSARD.

Cette ode gracieuse du même poëte offre également des rimes plates :

Gentil rossignol passager,
Qui t'es encor venu loger,
Dedans cette fraîche ramée,
Sur ta branchette accoutumée,
Et qui nuit et jour de ta voix
Assourdis les monts et les bois,
Redoublant [2] la vieille querelle
De Térée et de Philomèle.

3º Les stances ne sont pas toujours terminées par un repos complet, marqué par un point. Quelquefois il

(1) Abeilles.
(2) Répétant, redisant.

n'y a qu'une simple suspension; ce qui a lieu lorsqu'on annonce un discours, lorsqu'on fait une énumération, lorsqu'on introduit une longue phrase secondaire, commençant ordinairement par *si* ou *lorsque*.

Ainsi nous voyons dans Rousseau :

Déesse des héros [1], qu'adorent en idée
Tant d'illustres amants, dont l'ardeur hasardée
Ne consacre qu'à toi ses vœux et ses efforts ;
Toi qu'ils ne verront point, que nul n'a jamais vue,
Et dont pour les vivants la faveur suspendue
     Ne s'accorde qu'aux morts ;

Vierge non encor née, en qui tout doit renaître, etc.

Voici encore un exemple du même poëte :

Si du tranquille Parnasse
Les habitants renommés
Y gardent encor leur place,
Lorsque leurs yeux sont fermés;
Et si, contre l'apparence,
Notre farouche ignorance
Et nos insolents propos,
Dans ces demeures sacrées,
De leurs âmes épurées
Troublent encor le repos;

Que dis-tu, sage Malherbe,
De voir tes maîtres proscrits, etc.

4° DE L'EMPLOI DES DIFFÉRENTES STANCES. — Le poëte peut n'être guidé dans le choix des stances que par le sentiment de l'harmonie. Mais d'autres fois

(1) La Postérité.

son dessein est plus déterminé : il doit choisir son
rhythme non pas seulement pour flatter l'oreille, mais
d'après le caractère des idées qu'il veut exprimer. En
général, les stances dont les vers sont courts et peu
nombreux conviennent aux sujets légers, aux pein-
tures riantes ; au contraire, les stances qui ont
beaucoup de vers, ou des vers d'une longue mesure,
offrent une gravité plus propre à rendre des pensées
élevées, des tableaux magnifiques.

La Harpe loue Rousseau d'avoir ainsi approprié
ses stances à l'objet qu'il traitait. Il cite la suivante :

> Seigneur, dans ta gloire adorable
> Quel mortel est digne d'entrer ?
> Qui pourra, grand Dieu, pénétrer
> Ce sanctuaire impénétrable,
> Où tes saints inclinés, d'un œil respectueux,
> Contemplent de ton front l'éclat majestueux ?

Ces deux alexandrins, dit-il, où l'oreille se repose
après quatre petits vers, ont une dignité conforme
au sujet.

Dans la stance suivante, trois hexamètres se traî-
nent lentement et se laissent tomber pour ainsi dire
sur un vers qui n'est que la moitié d'un alexandrin :

> Il n'est plus, et les dieux, en des temps si funestes,
> N'ont fait que le montrer aux regards des mortels.
> Soumettons-nous : allons porter ces tristes restes
> Au pied de leurs autels. Rouss.

La Harpe approuve encore le choix des mètres
dans les stances célèbres que Malherbe adresse à Du
Perrier, pour le consoler de la perte de sa jeune fille :

Ta douleur, Du Perrier, sera donc éternelle,
    Et les tristes discours
Que te met dans l'esprit l'amitié paternelle
    L'augmenteront toujours ?

Ce petit vers qui tombe régulièrement après le premier, peint bien l'abattement de la douleur.

5° DU MÉLANGE DES STANCES. — Quelquefois le poëte lyrique emploie alternativement diverses stances.

Ainsi nous lisons dans Le Franc de Pompignan :

Inspire-moi de saints cantiques,
Mon âme, bénis le Seigneur.
Quels concerts assez magnifiques,
Quels hymnes lui rendront honneur ?
L'éclat pompeux de ses ouvrages,
Depuis la naissance des âges,
Fait l'étonnement des mortels;
Les feux célestes le couronnent,
Et les flammes qui l'environnent
Sont ses vêtements éternels.

Ainsi qu'un pavillon tissu d'or et de soie,
Le vaste azur des cieux sous sa main se déploie;
Il peuple leurs déserts d'astres étincelants.
Les eaux autour de lui demeurent suspendues ;
    Il foule aux pieds les nues,
    Et marche sur les vents.

D'autres fois, à certaines stances on fait succéder, dans la même pièce, des stances d'un autre système. Ce changement a lieu quand le poëte entre dans un nouvel ordre d'idées, et qu'il juge un autre rhythme plus propre à les exprimer.

FIN.

TABLE DES MATIÈRES.

PREMIÈRE PARTIE.

Chapitres.   Pages.

I. De la Quantité syllabique ; manière de scander les
   vers ; vers de différentes mesures............... 1
II. De la Césure.................................. 11
III. De la Rime..................................
IV. De l'Hiatus..................................
V. De l'Élision, de la Synérèse.................... 39
VI. De l'Enjambement............................ 43
VII. De la succession des Rimes.. 45
VIII. Des Licences poétiques...................... 49
     Licences d'orthographe...................... 50
IX. Licences de construction ; — Inversion........... 54
X. Licences de grammaire.......................... 63
XI. De l'Harmonie................................ 69
XII. Du Nombre, de la Cadence, du Rhythme......... 76
XIII. De l'Harmonie imitative...................... 80

DEUXIÈME PARTIE.

XIV. Vers de différentes mesures. — Leurs règles ; leur
     emploi 97
XV. Du Mélange de différents mètres. — Vers libres..... 111
XVI. Des Stances, des Strophes....................... 115

FIN DE LA TABLE DES MATIÈRES.

PARIS. — IMPRIMERIE EMILE MARTINET, RUE MIGNON, 2